四特 教育系列丛书 SITE JIAOYUXILIECONGSHU

U0724121

# 与学生打成一片

《"四特"教育系列丛书》编委会 编著

吉林出版集团股份有限公司
全国百佳图书出版单位

图书在版编目 (CIP) 数据

与学生打成一片／《"四特"教育系列丛书》编委会编著 . —长春：吉林出版集团股份有限公司，2012.4
（"四特"教育系列丛书／庄文中等主编 . 教师全方位修炼）

ISBN 978-7-5463-8762-8

I. ①与… Ⅱ . ①四… Ⅲ . ①中小学－师生关系
Ⅳ . ① G635.6

中国版本图书馆 CIP 数据核字（2012）第 045096 号

**与学生打成一片**
YU XUESHENG DACHENG YIPIAN

| | | |
|---|---|---|
| 出 版 人 | 吴 强 | |
| 责任编辑 | 朱子玉 杨 帆 | |
| 开 本 | 690mm×960mm 1/16 | |
| 字 数 | 250 千字 | |
| 印 张 | 13 | |
| 版 次 | 2012 年 4 月第 1 版 | |
| 印 次 | 2023 年 2 月第 3 次印刷 | |

| | |
|---|---|
| 出 版 | 吉林出版集团股份有限公司 |
| 发 行 | 吉林音像出版社有限责任公司 |
| 地 址 | 长春市南关区福祉大路 5788 号 |
| 电 话 | 0431-81629667 |
| 印 刷 | 三河市燕春印务有限公司 |

ISBN 978-7-5463-8762-8　　　　　定价：39.80 元

# 前　言

学校教育是个人一生中所受教育最重要的组成部分,个人在学校里接受计划性的指导,系统地学习文化知识、社会规范、道德准则和价值观念。学校教育从某种意义上讲,决定着个人社会化的水平和性质,是个体社会化的重要基地。知识经济时代要求社会尊师重教,学校教育越来越受重视,在社会中起到举足轻重的作用。

"四特教育系列丛书"以"特定对象、特别对待、特殊方法、特例分析"为宗旨,立足学校教育与管理,理论结合实践,集多位教育界专家、学者以及一线校长、老师们的教育成果与经验于一体,围绕困扰学校、领导、教师、学生的教育难题,集思广益,多方借鉴,力求全面彻底解决。

本辑为"四特教育系列丛书"之《教师全方位修炼》。

教师的职业是"传道、授业、解惑",教师的职责是把教学当成自己的终生事业,用"爱"塔起教育的基石,用自己的学识及人格魅力,点燃学生的兴趣,促进学生的健康、快乐成长。

俗话说:"教师不能半桶水。"学生专业知识水平的高低,很大程度上受老师知识水平的制约,如果教师在教学中对教材分析不透,对知识重点把握不准,要点讲解不清,那么学生听过他的课就会产生一种模糊的收获不大的感觉。因此教师必须知识广博,语言丰富,学生才能学到真正的知识。本书从新世纪、新时代经济和社会发展的要求出发,从理论与实践的结合上,对新世纪教师素质及其修养的一系列问题,做了比较全面、系统、深入的阐述。应当说,这是一项十分有意义的工作。

本辑共20分册,具体内容如下:

1.《师魂》

教师被人们称为"人类灵魂的工程师",担负着传授知识、传承文明、培养人才、提高民族素质的光荣任务。教师的最高境界需要"忙人之所闲,闲人之所忙",从有到无,从无到有;从看教育是教育,到看教育不是教育,再到看教育还是教育,这就是对教育的最大贡献,让人的精神生活世界有生机、有活力、有智慧。

2.《以礼服人》

作为教师,我们要正确领会礼仪、礼貌、礼节、仪式和教师礼仪的概念,领会礼仪的地位和作用,掌握教师礼仪的原则、方法,坚持科学发展观,为构建社会主义和谐校园而奋斗。教师的一举手一投足,甚至一颦一笑,都蕴含着教育的力量。本书从教师的个人形象、教师的服饰、教师的语言、师生关系礼仪、教师与家长沟通礼仪、同事共处礼仪、集会礼仪和社会交往礼仪等方面,系统阐述了教师礼仪的一些基本常识。

**3.《教师的一生修炼》**

本书将重点探讨如下诸方面的理论与实务:职业规划——自我实现的教育生涯、如何设计职业生涯、职业发展规划行动、教师入职与离职规划、新教师角色适应规划、教师专业发展规划、校长成长规则、职场诊断与修炼、潜能开发以及享受学习化教育生活等。

**4.《育人先做人》**

教师是学生智慧的启蒙者,学生未来的引领者。教师的质量决定了教育的质量。教师的品质决定了教育的品位。教师人格的完善能够提升教育的水准。教育职业对教师人格提出了严格的要求:在教师自身的人格教育中不断提升自我,完善人格。人格教育是一生的工作,提升自我、完善人生会伴随一个人一生的历程。

**5.《教育语言随心用》**

本书内容涵盖了教学语言艺术和教育语言艺术训练的方方面面。从宏观综论到微观剖析,从课堂艺术到辅导艺术,从艺术对话到精彩演讲,从个性张扬到群体发展,从全体教育到特殊教育,质朴无华,内容充实,观点鲜明,为教师深入研究和准确使用教学语言和教育语言提供了可以借鉴的经验。

**6.《师者无敌》**

本书编写的基本理念是:从内容构架而言,以促进教师对自身职业的理解为基础,以增进教师职业人生的完善为基本目标,以启发、引导的方式来促进教师德性的自主形成;从编写形式而言,力求摆脱单一的理论说教,从当代教师职业生活实际出发,抓住主要问题,采取生动、灵活的语体形式,把精要的论述与典型的事例结合起来,注重该书的可读性。

**7.《教师的信仰》**

职业精神是教师不可缺失的最本质的东西。一个教师能不能成为好教师、名教师,关键是有没有职业道德,有没有职业精神。今天的教育,缺的不是楼房,而是文化与技术;缺的不是理念,而是行为与操作;缺的不是水平,而是责任和精神。教育的希望,在于教师良心的回归、精神家园的重建。只要有了良好的精神状态,我们就有战胜任何困难的勇气,就有奋然前行的动力。

**8.《看透学生的心理》**

学生的心理困惑从何而来?概括来说就是一"高"一"低":高,学生是个承载社会、家长高期望值的群体,自我成才欲望非常强烈;低,其心理发展尚未成熟,缺乏社会经验,适应能力较差。正是这欲望与不能之间的矛盾造成了学生的心理问题。我们编写了本书,是期望引导老师与青少年共同克服这一难题,去打开人生的成功局面。

**9.《卓越教师》**

突出骨干教师的培训,既是加强中小学教师队伍建设的当务之急,又是提高教师质量的长远之计。本书在编写上提倡以培训学科带头人为目标,以现代教育思想、现代教育技术、特级教师的学术报告以及当前教改的热点问题为研究内容,源于实践又高于实践,可用做骨干教师的培训教材,也可用于普通教师的自我阅读与提高,以期使教师在不长的时间内达到或接近特级教师的水准,成为学科带头人。

10.《与学生打成一片》

如何做最受学生欢迎的老师,是每个老师都要思考的问题,也是每个老师都希望的,学校的课程很多,语文、数学、英语、科学、音乐、美术、体育等等,每门学科都有自身的特点,每个学生都有自己的喜好,我们都能真正做到让每个学生都欢迎吗?本书将教会教师们怎么样靠自己的才能和高尚的品德赢得学生的喜欢和尊重,让每一个教师都能成为受学生欢迎的教师。

11.《培养教师爱岗敬业精神》

本书从教师的角度,阐述了教师爱岗敬业所带来的深刻变化,介绍了如何爱岗敬业的途径和方法,从勇于负责、乐于服从、热情专注、自动自发、团结协作、勤奋努力、敢于创新、节俭高效等方面,结合大量教育实例和人生哲理,向广大教师提出了爱岗敬业的崇高理念和修炼方法,期盼每一个教师都能从中受益。

12.《教师职业道德与素质培养》

当前,各级教育行政部门和社会各界都非常关注师德建设,师德教育已经被列为教师继续教育的重要内容之一。本书以专题研究为主线,以典型的案例及案例分析为依托,从教师工作、生活实际出发设置情境、提出问题,突出师德教育的操作性和实效性。本书将适应新世纪对教师职业道德建设的需求,该书也适用于在校师范生以及申请教师资格者学习。

13.《教师怎样提升教学质量》

每位教师的心里都有一个美好的心愿,那就是都想使自己的教学质量得到最大程度的提高。众所周知,教学质量是一个学校的生命线,如何提高教学质量是我们每一位教师时刻都在研究、都想努力做好的一件事。要让教育不平凡,出路就在于能突破平常很容易被封闭的平庸局面。优秀的教师,会善于用智慧慢慢凿开通向教育风景的出口。

14.《教师快乐工作指导》

教师工作细致而繁琐,教师不仅要组织好各种教育教学活动,还要保证学生的身心安全。长期的忙忙碌碌、精神高度集中,教师容易产生麻木、倦怠、疲劳的职业状态。为使教师们消除职业倦怠,学会快乐地生活,愉快地工作,需要多渠道支持帮助教师们进入积极健康的工作和生活状态,从心理、物质和精神上给予帮助和支持,让教师感受到集体的关怀和温暖。

15.《教师工作减压指导》

当教师很累,这已经是所有中小学教师共同的感受。中小学教师劳动强度很大,长此以往,就很容易使教师患上疲劳综合症,导致未老先衰,甚至英年早逝的恶果,对教育的可持续发展和教师队伍的稳定十分有害。中小学教师的过劳问题应当引起政府有关部门的高度重视，以人为本的科学发展观要落到实处，不要仅仅停留在口头上。作为教师个人，我们不要只等待有关部门的措施，必须想方设法给自己"减压"，以防被疲劳综合症缠身。

16.《教师文娱活动指南》

与家人、朋友一起开开心心消费课外时间与星期天，使身心从工作中彻底解脱出来，得到完整的休整，全面地恢复。要知道工作是永远干不完的，是没有最好的。我们需要多看到一些明天的太阳，让照亮别人的蜡烛燃烧得时间更久、更久……

17.《教师心理健康指南》

随着竞争愈来愈激烈，教师的工作节奏日趋紧张，精神上容易产生巨大压力，精神上和身体上的超负荷状态对健康是非常不利的。如果不注意休息和调节，中枢神经系统持续处于紧张状态，会引起心理过急反应，久而久之可导致交感神经兴奋增强，内分泌功能紊乱，产生各种身心疾病。本书力图从教师职业发展的实际需求出发，注重必要的理论引领与生动的案例分析相结合，突出专业性、应用性、操作性、可读性，可为广大中小学教师培训、自学提供借鉴，也可为高校相关专业的学生的学习、研究提供参考。

18.《教师怎样进行教学改革创新》

立足素质教育的学理，探析课堂教学的变革，反思课堂教学实践，重新审视素质教育理论，正是在实践和理论的互动中探讨我国教育的现实与未来。

19.《从历代名著中学习教育思想》

撷取世界知名教育家在世界教育史上具有重大影响和学习价值的教育名著进行选读。每位教育家及其著作均有作者简介、成书背景、内容精要、名著选读等内容。本书结合这些教育名家的成长经历，阐述了不同名著的理论内容和实践特色，批判继承了中外历史上进步的教育思想，对于提高读者的教育理论素养，提升教育工作者的教学水平和创新能力具有一定的借鉴意义。

20.《向教育名家学习教育智慧》

着重介绍当代教育家的教育思想。中国是一个教育大国，理应对全人类的教育作出自己的贡献。在两千多年的历史文明进程中，中国也确实不断为世界教育的进步贡献自己的教育思想、教育制度和教育智慧。新中国成立以来，尤其是改革开放以来，中国教育发生了深刻变化，取得巨大成就，同时，也不断涌现出新的教育思想、新的改革成就和新时代的教育家。我国一大批教育专家学者上下求索、大胆实践，为教育发展出谋划策，为教育改革殚精竭虑。他们的学术思想和教育实践直接推动了我国的教育改革与发展，并将对今后的教育实践与研究继续产生深刻影响。

由于时间、经验的关系，本书在编写等方面，必定存在不足和错误之处，衷心希望各界读者、一线教师及教育界人士批评指正。

编者

# 目 录

# 做知识的富豪

每位教育工作者都想成为最受学生欢迎的老师,那么怎样才能受学生欢迎呢?

首先要成为一名知识功底深厚的老师,用广博的学识去征服学生。

几乎所有的学生都喜欢和敬佩有能力、有本事的教师。教师应当精通所教的学科,了解本学科的历史和发展,以及正在进行的研究或已取得的成果。如教数学的就应对《九章算术》有所了解,其相当完整的分数理论比欧洲同类著作约早 1400 年;对陈景润攻克哥德巴赫猜想到吴文俊的"拓扑学大地震"也应知晓,这无论是对学生进行爱国主义教育或素质教育,还是作为一个数学老师的知识储备,都是很有必要的。苏霍姆林斯基说:"教师的知识越深湛,视野越宽广,各方面的学科知识越宽厚,他就在更大程度上不仅是一名教师,而且是一名受欢迎的教育工作者。"作为一个老师,只有功底深厚,厚积而薄发,驾轻就熟,才能征服学生,并且最大限度地激发起学生对知识、对科学的浓厚兴趣,其威信才能深深地扎根于学生的心灵之中。做一个学者型的老师,不仅仅在于表现自己,其最根本的是要能推动学生学习,刻苦钻研,提高学生发现问题和解决问题的能力。教师功底深厚,学生就会把你看做"权威",感到你那里有取之不尽的知识。这种"权威"激发的巨大效应,就能使渴求知识的学生产生坚忍不拔、百折不挠、孜孜不倦地追求和敢于创新的精神。所以说老师具有丰富的知识,要比抽象的说教和貌似威严的训斥要强得多,学生心目中的威信是学富五车的长者,而不是知识浅薄的"严师"。

来看下面这个例子:

在一次联欢会上,我和学生一起做"转盘游戏",规则是转盘指针指向谁,谁就抽签解答签上的问题。当转盘指针指向我时,我抽出一张签,内容是:请你唱下面的乐谱,并说出它的歌曲名称。主持人忙小声问我:"老师您行吗?是不是给您换一张签?"我说:"试试吧。"我定了定神,然后流利地把上面的乐谱唱了下来,并说出这首歌的名称是《义勇军进行曲》。说完教室里响起了一阵掌声,学生们流露出羡慕和赞赏的目光,我感到师生间的距离缩短了。

从上述案例我们可以看出,现今中小学生独立思维能力逐步增强了,他们最不能容忍教师的无知与无能。这一点不仅体现在对于教师专业功底的要求上,而且也体现在对教师的各方面知识和素质有着较高的期待和要求。学生不会因为你是教师便给你信任和尊敬,而是因为你确实有知识、有能力而敬佩你,信服你。他们不盲目崇拜教师,而是经过仔细的观察和审视之后决定一个教师有无值得尊重的资格。教师如果没有真才实学,是很难通过他们的"审查"关而被他们接纳的。

作为一名教师,要意识到自己是知识的传播者,必须以积极的态度对待知识,不断追求新知,提高自己的修养和教育能力。如果一位教师知识渊博,授课深入浅出,办事有条不紊,他就能赢得学生的欢迎。这就要求教师要不断提高自学能力,通过各种渠道获取新知识。著名的教育家林崇德教授在他的《教育的智慧》一书中指出,教师必须具有以下的知识:第一,本体性知识,即精通自己所在的学科;第二,文化知识;第三,实践性知识,即教学经验的积累;第四,条件性知识,即教育学心理学知识。

面向新时代,要培养全面发展的高素质人才,更要求教师一专多能,多才多艺,不仅能传道、授业、解惑,更会启迪、开发、创新。这就需要我们认真学习教育理论,运用教育学、心理学的原则指导教学工作,并树立终身教育的观点。在教育能力上,从单一型向多面型、全能型发展,德才兼备,适应教育工作和发展形势的需要。

只有不断学习,吸收新鲜营养,你才能以你的学识征服学生,为成为最受学生欢迎的教师打下良好的基础。

# 精雕教学细节

细节造就专业。好的教学细节,就是很好的教学素材。若能有意识地、创造性地开发好每一个教学细节,那我们的课程就不会枯燥无味,就能焕发出新的活力,也就更易受学生欢迎。否则,良好的教育教学契机,就会在教师的经意和不经意间流失。对教育细节的关注体现出教师具有科学的思想和务实的精神。那么究竟如何雕琢教育细节呢?

一方面要关注教学行为细节。教学细节的处理,往往无法预设,这需要教师的教学机智,需要教师有一双善于发现的眼睛,能够抓住转瞬即逝的教学细节,点石成金,使细节成为教学的突破口,成为学生的兴奋点,从而创造精彩互动的课堂教学氛围。

有这样一个案例:

一个圆形花坛周长是 18.84 米,花坛的面积是多少平方米?

生 1(解答):R = 18.84 ÷ 3.14 ÷ 2 = 3(米)

S = 18.84 × 3 ÷ 2 = 28.26(平方米)

师:你能说一说为什么这样解答?

生 1:(沉默,可能是预料自己错了)说不出。

生 2:求圆的面积,应该用公式 S = ……这道题做错了。

师:同意生 2 说法的,请举手。

(全班举手,教师默认)

……

案例中生 1 的解法真的错了吗?圆的面积一定要用公式 S = ……才能求出吗?将生 1 的解法稍进行变动我们可以看出:这种解法完全正确。案例中的教师听了生 2 的回答后,立刻叫全班同学裁决,实际上是给学生们暗示"生 1 的错误"和"生 2 的正确",并给予默认圆的面积只有公式 S = …… 的求法,忽视了学生创新精神的培养,扼杀了学生思考问题和学习的积极性。对于这种有思考价值的问题,就是这么一个细节教师不要轻易对学生的回答做出评价,而要给学生充分的时间与空间,让学生充分表达自己的观点,充分展示自己的思维过程,采用延迟性评价,既尊重学生的个性差异,同时也给教师一个冷静思考,妥善处理意外的时间准备,并且学生在得到教师外在肯定的同时,也学会了内在的自我肯定,从而很好地培养了学生的自信,也只有这样做,学生在课堂上才能肯动脑筋,敢发表自己的见解,得到发展。

我们再看这样一个案例:

这是一位教师教学 11～20 数的认识的教学片断。

教师把 10 张卡片发给学生。点到名的要求说出自己的数是由几个 10 和几个 1 组成。

师:11～20 最小的一个数请上来。

生 1:11 是我,我是 1 个 10 和 1 个 1 组成。

师:比 20 少 1 的数请上来。

生 2:19 是我,我是 1 个 10 和 9 个 1 组成。

11～20 的各数都站在台上,教师要求按一定的顺序排队。当教师让学生回座位上时,学生一拥而散(秩序混乱)。此时有一个学生说:"不能乱挤,要按顺序下去。"

案例中或许老师没有在意学生的这句话,但是学生"意外"的一句话值得我们深思,数学的学习不仅仅是让学生认识 11～20 各数的组成和顺序,更重要的是让学生用学过的知识解决生活问题,把知识运用到实际中去。课堂上如果像该生所说的那样进行,这就不仅把所学知识与实际问题联系起来了,而且让学生从小养成遵守秩序的良好品行。

另一方面要观察学习行为细节。有效的课堂观察,将学生言行、神情的每个小细节,加以分析,使教师能够掌握学生的学习情绪和反应,了

解教学效果,及时调整教育策略,因势利导掌控教育的最佳时机,达到教育的最佳效果。一要观察参与状态。看看学生是否全体参与教学。没有学生积极参与的教学,是失败的教学;二要观察交流状态。看看课堂上是否有多边、丰富、多样的信息交流与反馈;三要观察思维状态。看看学生是否敢于发问、敢于表达。再看看这些问题与见解是否具有创造性;四要观察情绪状态。看看学生是否处于良好的情绪状态。

对学生来说,上课的状态是非常重要的,关注学生上课的状态,不仅仅是对学生学习习惯的关注,也是对学习效果的保证。从学生上课的眼神、说话的语气,以及动作等细节,都能观察到学生的情绪变化。

综上可知,课堂是师生共同创作的一部作品,师生在互动中共同成长。关注细节,其实就是关注新课程的理念是否落实到位,就是关注我们的教学行为能否根据新课程的要求重新塑造;关注细节,也是追求教学的合理化、智慧化、精确化,是教学达到一定境界后的品位和追求。精彩的教学细节不仅可以使教学过程具体、丰富而充实,而且可以使教学过程充满诗意和灵动,充满智慧和创造;精彩的教学细节会给我们以意外和惊喜,会令我们陶醉和享受。

教育的艺术就体现在敏锐地捕捉具有教育价值的细节上。如果教育过程中有更多的细节被注意、被发觉,那么教育就一定会变得更美丽、更迷人。我们要敏锐地发现学生身上显露出的教育细节,耐心地扣问,静静地倾听,深入地挖掘,在细节上做文章,于细微之处见精神。这样,教育就会走进学生的内心世界,就能赢得学生的阵阵掌声。

# 正直使人充满希望

我们先来看一个发生在美国的故事:

*1848* 年,艾佛雷特(E. Everett)任哈佛学院院长时,校方决定招收一

位名叫威廉姆斯的黑人入学,这引起了一些白人学生的强烈不满。他们到院长办公室抗议,威胁说如果校方招收这位黑人学生,他们将会退学。

对此,艾佛雷特院长静静地回答说:

"如果这位黑人学生通过考试,他将会被录取。如果你们退学,那么我们将集中所有的师资力量培养他一个人。"

那位黑人后来成为哈佛校史上第一位入学的黑人学生。

这就是正直的品格!不管遭遇何种艰难,都不可退让、不可玷污。

在这个多样的社会中,很多人太早就学会了圆滑处世,学会了八面玲珑。

当然,这是没有错的,它能让我们更好地适应这个社会,更好地去和别人相处。但是,我不得不说的是,很多时候,除了八面玲珑,我们更要学会做一个正直的人。

所谓正直,不是食古不化,也不是冥顽不灵,它是我们人生的中流砥柱,也是我们道德的底线。有了这个底线,我们无论置身于怎样的环境中,无论有了怎样的经历,都不怕会走错路。

我们都知道一个词叫做"德才兼备","德"是放在第一位的,其次才是"才"。如果一个人没有了道德的支撑,他就无法在社会上立足,即使他有再高的才华,也只能为人所不齿。

尤其对于教书育人的教师来说,正直更是所有"德"中的重中之重。无德不成师,我们先看下面案例:

7月7日~9日,某中学高三(5)班同学参加了高考。不久,绝大多数学生都拿到了满意的成绩单,然而沈某、王某、孙某三位同学,没有拿到成绩单,三人找班主任周老师一打听才知道,原来,他们数学试卷高度类同,被视为舞弊试卷,他们的成绩单被县招办扣留(省招办通知的),并被处罚停考一年。

沈某同学跑到县招办一看,他考了526分,是高分,其中数学是104分,王某、孙某也是同样的分数,沈随即找招办主任反映有关情况,要求

撤消对他的处理。招办、教育局迅速派出调查组驻该校调查。调查结果是："周老师为使本班成绩'更出色'，以省'三好生'作诱饵，唆使沈某同学在高考数学考试中帮助数学较差的王某、孙某二同学。"周老师受记过处罚。

正直是教师道德品质重要的、基本的构成方面。教师职业的特点，教书育人的重任，都要求教师要具备正直的良好师德品质。案例中的周老师唆使学生作弊的行为，显然违背了这一师德要求，受到处罚理所当然。

正直的教师，实际是一些有信念、懂原则的人。正直是一种标准，或者称作标杆、标尺。以这个标杆衡量人的行为，品格的高下，为人的优劣顿时显现。在此标杆之上，我们可以做一个堂堂正正、受人尊敬的教师，也往往能获取长久的成功；在此标杆以下，无论如何也显得卑琐、屑小，纵然能够得志于一时，但总归长久不了。

正直的教师富有荣誉感。他们视荣誉如生命，珍视每一个获取荣誉的机会。美国作家弗兰克·劳埃德·赖特曾经对美国建筑学院的师生发表演讲："荣誉感指的是什么呢？很简单，关于砖头的荣誉就是一块实实在在的砖头，关于木材的荣誉就是一块地地道道的木材。荣誉，在某种程度上就是要求人们做一个正直的人。"

正直的教师都是有良知的人。一个人只有具备了良知，才有可能列入正直者的行列。良知是正直者的心灵源泉。

正直的教师拥有坚强的信念。这一点包括有能力去坚持我们认为是正确的东西，在需要的时候义无反顾，并能公开反对确认是错误的东西。

正直的教师绝不会是一个攀附权贵、心口不一的人，他不会心里这么想，嘴里那么说，实际行动又是另外一套。他的内心有一定之规，所以不会撒谎，也不会表里不一。而且内心很少产生矛盾——他才是一个真正的忠实于自己做人标准的人。

学会正直，做一个正直的教师吧，这样的人才会受到学生的敬重和

欢迎。

# 做以德服人的表率

罗曼·罗兰曾经说过："要散布阳光到别人心里,先得自己心里有阳光。"教师要做到以德服人这点,就必须依靠自身的不断修养、自我的不断提高。从这个意义上来讲教育学生的过程也是教师自我教育的过程。俗话说"德可以服众,威可以慑顽",有高尚品德的人本身就有令人折服的人格魅力。所以教师不能不注重自身品德的修养。让我们来看以下的故事。

在一次学校劳动中,水房的下水道管口堵塞,脏水横溢,臭气熏天。许多学生怕弄脏了衣服,谁也不愿去处理。这时一位班主任老师脱去外衣,挽起袖子,趴在下水道管口,用手把堵塞在管口的脏物一一清理出来。学生们在他的影响下也纷纷过来帮忙。

在这个案例中,我们可以看到教师直接的行动就是无声的命令。教师身体力行,学生就会把教师作为效仿的榜样,将之视做道德的典范、学生的楷模。凡是要求学生做到的,教师自己首先要做到,且要做好,如果能做到这一点,自己的工作就好做多了,威信也易建立起来。教师本人的人格力量对学生成长起着不可忽略的作用。苏霍姆林斯基曾说:"我们应当以丰富的精神生活,给孩子们作出榜样。只有在这种条件下,我们在道德上才有权利来教育学生。"因此只有自身的道德修养令学生惊叹折服,教师才能一言九鼎,使学生信服。

身教重于言教,言行一致应是教师具有的美德之一。如果嘴上说得很动听,而实际做的又是另一套,那换来的将是学生的蔑视。要尽量说到做到,处理事务要客观公正,这是让学生信服和欢迎的必要条件。培养学生,教师要把自己当做一面镜子,以自己的遵纪守法来鞭策学生,以自己高尚的品德去感召学生。要有健康的心理素质,以开朗的心胸,坚强的意志、丰富的情感和平衡的心态从事教学教育工作。不要动不动就发脾气,喜怒无常,垂头丧气,损害自己的形象,这样要想受学生欢迎便无从谈起。

为师先做人,育人先正己。每一位教师首先必须具有较高的精神境界,以敬业爱岗为宗旨,要有献身教育事业的崇高理想、强烈的事业心,高度的责任感,有为教育事业无私奉献、甘为人梯、乐为人梯、善为人梯的精神。唐太宗曾说过:"以古为鉴,可以知兴替;以铜为鉴,可以正衣冠;以人为鉴,可以知得失。"教师应是学生的一面镜子、一个榜样。没有崇高的职业道德,没有敬业精神,要做好教育教学工作,那无异于天方夜谭。

正如古代教育家孔子说:"其身正,不令而行;其身不正,虽令不从。"这就是说正人先正身。学生"听其言,观其行",教师在进行教育过程中时时处处事事都应以高度负责的态度来对待自己的言行,做到以身立教、言传身教,成为学生的表率与楷模。

# 人格就是影响力

有这样一个寓言故事:

时间老人向走过来的很要好的三个兄弟发问:"我有三样东西,你们一人只能取一样,但必须挑你自己所喜欢的。"说完,时间老人就把名利、金钱和人格三样东西拿出来,老大抢先说:"我要金钱。"老二说:"我要名利。"最后老三说:"就把人格给我吧。"时间老人一一分给他们,三个兄弟高高兴兴地得到了自己的最爱。

一年过后,时间老人就问这兄弟三人:"你们得到了各自的需要,日子过得怎么样?"老大愁眉苦脸地说:"你给我的钱花光了,能不能再给一些。"

老二心事重重地说:"我是有名望的人,可我的朋友为什么离我却越来越远了?"只有老三微笑着说:"我的事情越做越好,我的朋友也越来越多,这一切都得感谢你时间老人。"

这则寓言给我们的启示是:人格是每个人最好的一张赢牌,一旦失去了这个资本,损失无穷,亮出你的人格,掌握你最好的资本,你就能走好一生。做人如此,做教师同样如此。

当然,"金无足赤,人无完人",要求教师人格至善至美,恐怕不那么现实,也不能如此苛求。然而,既然我们选择了教师的职业,承担起了教书育人的神圣使命,就必须深知遵守教师职业道德规范的意义,并把塑造自身完美人格作为人生不懈的追求。

教书育人的核心是培养学生健全的现代人格,教学生学会做人。在这个教育过程中,教师的人格是一种无声的命令、无形的感召、无穷的动力,对学生的心灵具有强烈的辐射力、震撼力和同化力,因此,发挥着感染、激励和促进的作用。伟大的俄国教育家乌申斯基曾经深刻地指出:"教师的人格就是教育工作的一切。因为只有人格才能影响人格的发展和定型,只有性格才能养成性格。"教师的人格属于教师职业道德的最高层次,其人格特征主要包括热爱祖国、无私奉献的师魂,热爱事业、热爱学生的师德,"全面发展基础上个性发展"的师观,勇于探索、开拓创新的师能和严于律己、严谨求实的师风。这也恰是我们教师人格自塑的目标。

叶圣陶先生说过:"教育工作者的全部工作是为人师表。"为师就要有知识,为表就应有美德。教师要完成教书育人的历史重任,首先要成为具有崇高人格的人,并以此取信于学生,熏陶学生。教师课外、校外的道德失范,将是对其课内、校内施教时的宣言的自我否定,势必会在学生心里失去人格的影响力。可见,教育的成败与教师人格的信度与力度、知识的广度与深度,存在着必然的因果关系。因此,有志于教育工作的

教师应该清楚:侧身教育、添为师表,必须诚惶诚恐,在自己平凡而伟大的岗位上,勤于学习,严于自律。做一天教师,为一天师表,这便是向理想人格迈进一步。

教师塑造自身完美人格需要一个长期艰苦的修炼过程,是一个自我否定与自我肯定的过程。它需要以健康的心理素质和全面的文化修养为基础,并在深化改革教书育人的实践中不断磨炼,严格自律,逐步从现实自我走向理想自我。为此,教师必须增强人格自塑意识,其中包括自尊自爱意识、自警自省意识和自控自律意识。

"自尊心是一个人灵魂中的伟大杠杆。"(别林斯基语)教师的自尊自爱是一种积极的行为动机,有助于克服自身的缺点,促进人格的完善。另外,教师还要在自己日常生活中保持自警自省,要提高自我认识,坚持自我警醒,做到"吾日三省吾身",以便时时、处处自觉遵守教师职业道德规范。教师的自警自省意识越强,越能自觉做到"慎独",从而不断提高自己的人格修养水平。要想使自己的人格逐步完善,还必须做到严格自律,提高自控能力。具有完善人格的教师,都是自控最强、自律最严的人。自我控制的前提是对理智与情感关系的正确把握和对行为后果的深刻认识。自律严的教师善于解剖自己,勇于去"恶"扬"善",在自己教书育人实践中能够主动把一切不利于人格提升的因素消灭在萌芽状态。

教师总是处于学生最广泛最严格的监督之中,承担着独特的人格责任。因此,教师必须"以人为镜",坚持严格自律,不断修炼自己完善的人格,真正承担起"以素质培养素质"、"以人格塑造人格"的历史重任。

# 金杯银杯,不如"口碑"

美国知名教育家布鲁肖曾经说过这样一番话:

在每一个校园里,每一个课堂上,每一位老师都有自己的"名声"。上了一周的课之后,你的"名声"就建立起来了。用不了多久学生们就

会传开,哪些老师很"和蔼",哪些老师很幽默,谁留的作业最多,谁最关心学生,谁经常保留记录材料等等。家长们根据孩子的话来判断老师的品行,老师们也了解彼此的品行。事实上,要客观公正地判断一位老师的性格和他的教学能力,我们无需亲自去听他的课。有的老师总爱拖堂,那你就知道他的课堂管理是否得当;有的老师经常和孩子们一起在操场上活动,那你就知道他们之间的师生关系是否融洽;在走廊里走一圈,你就能听出来谁在上课;听听老师们之间的对话,你一样可以详细了解他们的态度、敬业精神和他们的综合工作能力。不论你是否愿意,都去听听学生们如何评价他们的老师吧。学校里,没有哪位老师想获得一个坏名声,但是很多老师的名声的确不太好。而摆脱坏名声的最佳方式莫过于第一次就不要给人这样的印象。这其中的道理简单得很:改变一个人留给别人的印象是一件相当困难的事情。所以上课一定要用心,尊重学生,兢兢业业,有始有终,让自己充满激情,无愧于心!

布鲁肖的话让我想起中国的一句俗语:"金杯银杯不如口碑。"在教师这个行业,也许"金杯银杯"真的不那么重要,"口碑"更重要。如果我们将自己放到更广阔的时空中去"观照",金或银都会随时光流逝而褪尽当时的华光,只有"口碑",却屹立不倒,尤其在人们的心中屹立不倒。

教师的职业劳动有很大的特殊性,特殊在我们一直缺少简单易行的评估体系来对教师的劳动作出最终公正公平的评价,分数的绝对值不足以完整评价,靠听几节公开课或随堂课也不能完全定论,看教师发表的论文数量更是荒谬。因此,我们在评价教师时,更倾向于亲身感受教师的工作状态,并在好多好多人亲身感受到了你的精神、气质、态度、水平等等可感而绝难量化的东西之后,形成了好多好多人对你相对一致的评价。这好多好多人里,包括你的上司、你的同事、你的学生、你的学生们的家长,如果这些人都"口口相传"地赞美你、敬重你,那么这意味着你有很好的口碑,比金杯银杯更宝贵的口碑。

中国有一位校长也说过类似的话,他说:"作为校长,怎么真正在心里给你定下一个位置,说实话并不怎么看你记录了'光辉业绩'的奖状奖杯证书之类的东西,而是要对你作一番'道听途说'的了解。比如,当你来应聘时,我看完教师学历、经历、荣誉证书之后,就要设法去打听你在原单位的表现,打听就是去了解你的口碑。"

那么口碑是什么?口碑是你这个商品的品牌。假设你现在是一个消费者,你要买空调,你到了电器商厦,在那么多令你眼花缭乱的品牌面前,你买哪一台呢?我想去除价格因素外,你当然会选择你心目中的名牌。为什么选名牌?因为名牌比较靠得住,你相信名牌代表了这个品牌的质量与服务,名牌是一种保证。那名牌是如何形成的?名牌首先质量要好,但更重要的是,名牌是口口相传的结果,商家通过媒体发布品牌形象,顾客使用下来觉得好,自然就相互介绍口口相传了,据说有96%的消费者购物时并不去研究产品的具体的技术指标之类的东西,而是听别人介绍。

教师与空调如果都作为一种产品,相比之下,人们一般可能更容易对空调质量作出评估,而对教师劳动的评价却不那么容易了,因此,教师的"品牌"比空调的"品牌"更具有决定意义。

所以,你看是不是教师应该比其他任何行当的员工都更珍惜自己的"名声"呢?而且,如果你打算一生从教,那你就得做好时刻保护你的名声的思想准备,否则,你可能会因为一个小小的瑕疵而贬值。

既然对教师而言,口碑是那么重要,那么怎样才能在别人口中和心中树起一道"丰碑"呢?我想,办法有很多,道理却只有两条,一是要有丰富的知识,二是要做受人欢迎的人。

首先是知识丰富。我们都是教书的,而心中居然没有书,这是不可想象的,人们总是天然地本能地敬重那些博学之士。假设有三种人都受人羡慕和敬爱,一是博学的人,二是当官的人,三是有钱人,你看人们更敬重谁?更持久地敬重谁?更真实地从心底里敬重谁?苏格拉底说:"在所有的事上,凡是受到尊敬和赞美的人,都是那些知识最广博的人,而那些受人的谴责和轻视的人都是那些最无知的人。如果你真想在城邦获得盛名并受到人的赞扬,就当努力对你要做的事求得最广泛的知识。"

其次要做一个受人欢迎的人。对教师而言,只要去做一个受人欢迎

的人,就会有好的口碑。我们有时可以容忍一个平庸的人,却不能容忍让人不舒服的人。什么样的人是让人欢迎的呢?我想,这种人应该具备四个特点:一是热情,二是真诚,三是善良,四是宽容。

第一是热情。人们喜欢热情的人,因为他们为烦琐的贫乏的工作和生活注入活力,他们制造欢乐、化解矛盾,他们使冰冷的办公室充满生趣,他们身上总是有一种积极的力量,使人们愿意凝聚在他周围。

第二是真诚。与真诚的人交往可以不设防,因而格外轻松。人心隔着肚皮,有时却咫尺天涯,而真诚却开出连接两颗心、两种思想观点、两种个性之间最短的路径。

第三是善良。我理解的善良表现在人际交往中就是"己所不欲,勿施于人",善良的人特别能为别人着想,尽力为别人去做些什么,表面上看似乎吃亏了,可实际上他获得的回报将更多;善良的人善意地揣摩别人,因此,善良的人自己活得轻松;善良的人善待别人,因此,总是受人尊重和欢迎。

第四是宽容。如果说善良是"己所不欲,勿施于人",那么,宽容就是"己所欲亦勿施于人",这是一个无限多样、丰富多彩的世界,我们可以欣赏统一一律,但更要学会欣赏差异,我们能欣赏与自己的秉性不同的人和事,我们可以不赞同,但我们可以欣赏,那么我们就学会了宽容。人们愿意和宽容的人在一起,是因为宽容的人不挑剔,人们不喜欢被挑剔。如果学会了宽容,那么也就学会了尊重。

一个热情的人、真诚的人、善良的人、宽容的人,一定是受人欢迎的人,受学生欢迎,受同事欢迎,自然也就受领导欢迎。你到处受欢迎,就会有一个好口碑,也就成了名牌,你就有了竞争力。

所以,珍惜你的名声吧,用名声赢得掌声。

# 用爱的目光注视学生

爱的目光是孩子成长的营养源。

与孩子交流时,成人爱的目光,往往胜过语言。

93岁高龄的日本小儿科医生内藤寿七郎先生,也是一位著名的教育家。爱哭闹的孩子只要一见到内藤博士就会停止哭泣。

有一天,一位妈妈带着两岁男孩前来找内藤先生看病。妈妈说,一升装的牛奶,这孩子一口气就能喝光。因为喝牛奶超量患了牛奶癣,皮肤刺痒睡不着觉,举止焦躁不安。

内藤先生不慌不忙地将白大褂脱下,然后跪在那个男孩面前,看着对方的眼睛。

"你喜欢喝牛奶吗?"内藤先生温和地问道。

男孩点点头。

内藤先生仍然目不转睛地看着他说:"如果不让你喝你特别喜欢喝的牛奶,你能忍得住吗?"

男孩显出一副烦躁和不满的神色,并且把脸扭向一边。

内藤先生并不气馁。他跟着转到孩子面前蹲下身子说:"你可以不喝牛奶的,是吗?"不管男孩怎样不耐烦,拒绝回答,内藤先生的目光一直充满着信赖,口气也十分诚恳。

终于,男孩轻轻地点了点头。

奇迹发生了。男孩回家后不喝牛奶了,湿疹症状很快消失。一年半以后,他的母亲认为可以少喝点儿牛奶了,可男孩说:"大夫说能喝我才喝。"母亲只好请内藤先生来帮忙。

这一次,内藤先生仍然是看着男孩的眼睛,微笑着说:"你现在可以放心地喝牛奶了。"从那天起,男孩真的又开始喝牛奶了。

内藤先生通过这件事总结出:哪怕是才两岁的孩子,只要他明白了道理,就能控制自己。于是,他提出了一个响亮的口号:"爱的目光足够吗?"这个口号提出至今已经半个多世纪了,现在听起来仍然觉得十分亲切。

因为,今天的孩子多么渴望爱的目光!

如果说,眼睛是心灵的窗口,那么眼神就是这扇窗里所展现的全部内容。

一个鼓励的眼神,可以让拙于回答问题的学生大胆地举起手来,让退缩不前的学生勇敢地向前迈步;

一个赞扬的眼神,可以让学生体会到被老师肯定的快乐,激励着他们向着那无限顶峰不断前进。

还有这样一个经典故事:

那年,朱丽·狄德罗24岁,刚从加州大学伯克利分校毕业,来到犹他顿州一所小学教五年级的语言课。

第一天上课时,她注意到台下的20个学生一个个眼睛里都带着一种不安又胆怯的神色,这让她感到很奇怪。

上课了,学生们大都表现得很安静,除了在她要求下站起来介绍了一下自己的名字"我叫理查德","我叫安迪","我叫凯莉,来自圣迭戈"……然后几乎就没什么动静了,就连她提问时,也没人主动举手回答。

朱丽奇怪地注视着全班学生:"孩子们,你们是不会还是不想回答啊?"

没有一个学生吱声。

朱丽更加奇怪。

下课后,朱丽设法和学生们一起玩,并顺便了解了他们的许多问题。

原来,这些学生大多数都是上个学期才转学过来的,他们的父母亲因为工作调动或者生活原因,经常搬家。结果,学生们刚刚熟悉了一个地方,环境又变了。加上学生们原有的基础不太扎实,来到新学校后,有点跟不上教学进度,成绩大都处于年级末位,尤其是阅读能力很差。其他任课老师也不太喜欢他们,几乎每个来上课的老师都是一副冷冰冰的样子,似乎自己正对着一群石头讲课。

想起课堂上学生们那怯怯不安的眼神,朱丽心里很难过,她觉得自己应该做点什么。

第二天课上,学生们仍然低着头,一副副垂头丧气、心不在焉的样

子。朱丽便叫道:"孩子们,挺起你们的胸膛,抬高你们的头,看着我!"声音不大,但语调的分量却很重。

学生们慢慢地抬起头,他们突然注意到朱丽的眼睛闪着一丝光芒,像一方晴朗的天空,清澈、洁净、透明,从她眼神中流露出来的是一种鼓励的力量。

这是一种他们在别的老师身上没有见过的眼神,伴着朱丽的这种眼神,学生的心刹那间也变得晴朗起来。

看到学生们坐直了身子,朱丽露出欣喜的笑容:"很好,孩子们,现在开始上课。哪位同学先来朗读一下课文呢?"

半晌,安迪慢慢举起手来,但他刚读了两句就卡壳了。

上帝才知道他读了些什么,不过也不能怪他,在这个班里几乎没几个学生能流利地把一篇课文读下来。

安迪有些发窘,他偷偷用眼睛瞄了一下老师,迎接他的却是朱丽那安静中透着温和的眼神,仿佛在对他说:"没关系,继续!"

安迪受到了鼓励,继续往下读,虽然中途又卡壳了,但他都坚持读下去了。

等到安迪读完,朱丽用一种热切的目光注视着他:

"很好,安迪! 你读得不错,如果你的朗读能少几个'逗号',我想会更完美!"

学生们都笑了,为朱丽老师那俏皮中略带批评的话。

渐渐地,学生们在课堂上活跃起来了,脸上的笑容也多了。

一天的阅读课上,朱丽用她那漂亮的蓝眼睛看着学生们,"孩子们,这节课请一个同学上台来讲个故事,理查德,你来! 好吗?"

理查德有些犹豫,"我……",他想说什么,抬起头,看到朱丽那清澈的目光,信任中传递着爱意,身上突然多了几分勇气,跑到教室前边来开始给同学们讲"三只小猪"的故事。

刚开始,理查德讲得很慢,声音也不亮,不时还有停顿:"在一个遥远的山村里,住着一位猪妈妈和她的三只可爱的小猪。妈妈每天很辛苦,小猪们一天天长……应该独立生活了,等你们盖好自己的房后就搬

出去住吧。……三只小猪谁也不想搬出去住,更不想自己动手盖房子……",朱丽向理查德投去赞许的眼神说:"理查德讲得很好,大家来点掌声给他勇气!"

渐渐的理查德的声音变亮了,故事也连贯多了,讲到大野狼来了的时候,他还做出一副害怕的表情,最后,理查德眉飞色舞地来了句"大野狼嚎叫着夹着尾巴逃走了,再也不敢来找三只小猪的麻烦了",接着,他长吁一口气,"上帝,我终于讲完这个故事了!"

学生们都被逗乐了,朱丽微笑道:"孩子们,下周三我们五年级要举行一次故事比赛,你们谁报名参加?"

"朱丽小姐,我报名!"理查德说。

"我也报名!"安迪不甘示弱。

一时间,学生们纷纷表示要去参加比赛,连最腼腆的琼斯也怯生生地问:"朱丽小姐,我可以报名参加吗?"

"当然可以,亲爱的,我真为你高兴。",朱丽疼爱地看着这个小女孩。

比赛结果,朱丽所教的班级居然一举击败其他班级夺得第一名,让其他老师们大吃一惊:这些小家伙们,什么时候变得这么大胆?

校长的评价是:"你们有语言天赋,乐观积极,有创造性,我真诚的为你们的进步感到高兴!"

一年后,除了几个因搬家离开犹他顿州的学生,其他学生顺利毕业。

时间一晃,又是十几年过去了。

一天朱丽突然收到来自纽约一家出版社寄来的包裹,里边是一本当时非常流行的侦探小说,书里有一封短信:"亲爱的朱丽小姐,我是理查德,这本书是我的第一本书,希望您能喜欢。您知道吗,我最怀念的就是当年您看我们的那种眼神,它是那样的温柔,就像是一条汨汨流淌的河流。在不断地荡涤我们的心灵……"

朱丽心中有一种非常柔软的东西被触动了,她不仅想起了那堂课上理查德讲故事的样子……

眼神，只可意会而不可言传。

冷漠的眼神造就了惴惴不安的学生。当学生们从老师眼里看到了一种不屑，感受到了一种轻视时，他们就将变得更加胆小、懦弱。

温柔的眼神促成了积极活泼的学生。当学生们从朱丽眼里读出了一丝光明，体会到了一股暖流时，这种眼神就成了点化学生们心灵的金手指！

正如古人所云："眼乃神光所聚，故有通体之眼，有数句之眼，前前后后无不待眼光照映。"

面对这样一群有着特殊经历的学生，朱丽没有像其他老师一样抱之冷眼，而是用自己温柔的眼神一点点融化学生心中的坚冰。

朱丽的眼神中流动着鼓励和肯定，温暖着学生们自卑和沮丧的心。学生就是从她的眼神中得到了前进的信心和力量。

学生从老师的眼神中感到了老师的关心、鼓励，体会到了被老师尊重的感觉，才能有胆量表现自己，展现自己。

对于眼神的作用，早在春秋战国时期，孟子也曾作过精辟的阐述，说明眼睛是判断人心善恶的基准。他说：存乎人者，莫良于眸子。眸子不能掩其恶：胸中正，则眸子焉；胸中不正，则眸子非焉。

事实上，通过眼神来传情达意，是一种普遍的心理现象。而来自教师那种富含感情色彩的眼神，对学生来说则有着更为特别的含义。

日常生活中，人们自然而然地运用眼神，来表达对周围一切事物的复杂情感。喜怒哀乐，悲欢离合，都会从微妙变化的眼神里真实地流露。

美国新泽西洲一所中学百年校庆时，恰逢该校一位优秀教师休伊斯先生的80岁生日。休伊斯先生极富传奇色彩，他所教过的学生，许多已经成为蜚声全美国的教授、学者。

是什么原因使休伊斯先生桃李满天下呢？学校在众多的学生中，选出100位最有成就的人。为了得出较为一致的答案，问题很简单：你认为，休伊斯先生的哪一方面对你的人生影响最大？

答案很快反馈了回来。出乎意料的是，收到的答案居然惊人的一致。几乎所有的学生都认为，休伊斯先生给他们人生影响最大的，就是

他的眼神,那种发自内心的温暖的眼神。

请教师们记住:

温暖的眼神能传递一种力量,一种上进心,而冷漠的眼神则犹如一把利箭,刺向人的心里。

有一位艾滋病患者在与大学生直面交流时,说了一句让人深思的话:"冷漠的眼神比病毒更可怕。"

这位患者早在 1987 年就感染了艾滋病,1995 年病发而亡。在这 17 年里,让他刻骨铭心的不仅仅是病魔的折磨还有来自亲人、朋友的那种冷漠的眼神:家人将他"礼送出门",最铁的朋友再没和他来往,单位也是没法子再待下去了……"那种被全世界抛弃的感觉,比病毒更猛烈地伤害着我!"他说。

眼神,就是这样一种奇妙的东西,有让人恐惧的,有让世间紧张的,有让人轻松的……各种各样的反应。

一束极为亲切的眼神可以激发学生无与伦比的热情,而一束阴沉的眼色则可以使多数学生的思维进入抑制状态!

这就是眼神的魔力。

美丽眼神的身后,必定有一份平和的心态,不温不火,不急不躁。

这样的眼神,必定有一份深深的爱在支撑,必定有一份平和的心态做后垫。那么,让我们慢慢地让自己的心平和起来,让你自己发现,让你的学生体会到你的深深的爱吧。总有一天,这份感觉,这种眼神会水到渠成,丰润圆满的。

而很多的时候,我们一不小心火气就上来了。充满"火气"的眼睛会有这样的一份巨大的宁静感吗?会让学生感受到你的眼神中的自觉自愿的平静吗?不会!即使学生感受到你眼底的严肃和庄重,在他们心里有的只是恐惧和被动,而不会是由于你眼底的"平静"而感染他们!

美丽的眼神是一门绝技,它绝不会是强忍下的产物。

学生读懂了老师的眼神,才能靠近老师的心。

老师的眼神能在无形中锻炼了学生某种能力。

也因此,作为一名老师,除了应该具备读懂学生眼神的能力,更应该

将自己温柔的、充满爱的眼光洒向学生！

# 用爱的微笑面对学生

走进学生中间，常常听到一个奇怪的问题："老师怎么不会笑？"

假如我带着这样的问题问老师，他们恐怕会误认为我是精神病人。可这是事实。

著名教育专家——"知心姐姐"卢勤女士曾经讲过这样一件事：

一次，我去长春市一所实验小学与孩子们见面，一个高个儿女孩气喘吁吁地跑上台来，她的直爽让师生们都愣住了："知心姐姐，我们的老师不会笑怎么办？"

为了缓和气氛，我给大家讲了一个真实的故事：

我曾经到北京宣武区一所小学采访。在一本中队日记里，我无意中发现了一篇文章《老师的笑脸哪儿去了》。

文章说，所有的老师都是绷着脸来上课的，只有美术老师笑眯眯地。结果，课堂上有高声讲话的，有下位子借东西的……美术课成了乱糟糟的自由市场，后来逼得美术老师不得不收起笑脸，也绷着脸来上课。这叫"给脸不要脸"。

同学们听了，开心地大笑起来。

笑声过后，我问这个提问的女孩："你们有没有过'给脸不要脸'的时候呢？"

"有，"女孩坦白地说，"只要老师给点儿好脸，有的同学就开始折腾。"

台下又是一片笑声。显然，他们经历过。

"那你想没想过去调查一下，老师为什么不爱笑？除了你们的表现，老师家里会不会有什么不顺心的事情，比如孩子成绩不好，丈夫和她

闹别扭……"

"没有。"

最后，我向同学们提出建议：去调查一下"老师的笑脸哪儿去了"。

几天之后，我收到几个同学写来的"调查报告"。

一份"报告"说，他们"跟踪"老师上下班，才发现老师的孩子有残疾，她每天要把孩子送到幼儿园，十分辛苦……

另一份"报告"说，老师跟她丈夫正闹离婚呢！

还有一份"报告"写道："下课后，我'跟踪'老师去了办公室。在门口就听到里面传出爽朗的笑声，一听声音就知道是我们班主任在笑。我立刻跑进去，想看看老师笑起来什么样子。可是，当我叫了一声'老师'，老师转过头来时，脸马上变得冷冰冰的，一点儿笑容都没有了：'你来干什么？'老师甩给我一句冷冷的话。我一下子明白了，老师不是不会笑，而是不朝我们笑。"

这件事过去好几年了，可我一直忘不掉。孩子们多么渴望得到爱的微笑啊！

与此相关的报道是，在中国少年报社组织的"我眼中的老师"绘画比赛中，绝大多数孩子笔下的老师都是绷着脸的。好容易找到一张"笑脸老师"，画画的孩子还在旁边注上："老师终于笑了！"

今天的学生们确实太需要教师的微笑了。微笑能照亮所有看到它的人，它像穿过乌云的太阳，带给人们温暖。

微笑是获得学生信任的最快的途径，微笑还具有感染性。在班上做个实验，站在学生面前，向他们笑一下——露出牙齿，满面微笑，一句话也不用说，看看会发生什么。他们一定会马上还你一个微笑，没错，他们也会纳闷你到底怎么了。但是为了证明这一点，还是请你试一试。有些人天生比别人爱笑。如果你不是一个天生的"微笑者"，那你不妨试试这个：在讲桌上贴一个小笑脸，让它来提醒你天天都努力地绽放自己的笑容。

我曾经和一位新老师做过一个实验，她正在为学生的调皮捣蛋而头疼。听了她的课，我一下子就发现，一节课都上完了，她也没笑过一次。讲课的时候，她总是一副不高兴的样子。我们商定，明天一整天她都要尽量带着愉快的神情和笑容出现在学生面前。我把家里的电话给了她，请她第二天晚上告诉我实验的结果。第二天，电话铃响了，从她欢快的声音里，我就能听出实验成功了！"孩子们今天听话多了，"她说，"他们甚至还问我今天为什么那么高兴，这就等于告诉我，以后一定要努力，让他们看到更多的笑容。"

如果一个教师每天都是春光满面、笑容可掬，那你的微笑一定会牵动、牵引许多学生，成为学生提问、倾诉、聊天、交流、求助的"亲人"，成为一个受学生欢迎的人，成为一个有魅力的人。

其实，微笑不应该仅仅是教师一种脸部表情的符号，它应该是教师内心感情的自然流露。那种虚情假意、皮笑肉不笑的"包装"式微笑，只能一时迷惑学生。只有当你由衷地热爱学生、尊重学生，尽管你的脸上并没笑意盎然、笑口常开，但学生那颗敏感的心依然可以"读"出你潜在的微笑，这种微笑才真正具有穿透力、激动人心。

想起一首歌曲《笑脸》，我们教师要让学生"常常地想，现在的你，就在我身边露出笑脸"，而不要让学生"可是可是我却搞不清，你离我是近还是远"，教师要给学生实实在在、真真切切、明明白白的微笑服务。

一句"你今天对顾客微笑了没有？"成为了著名企业家希尔顿经营的名言。那么，就让"老师啊，你今天对学生微笑了没有"也成为教师教育的名言吧。

# 用爱的关怀感染学生

前苏联著名教育家苏霍姆林斯基指出："教育首先是关怀备至的，小心翼翼触及年轻的心灵。"教师也许不是专业的心理工作者，但他至少应该承担起保护学生心理健康的任务。

由于社会竞争日益加剧,学生的心理困扰也日益增多。这就要求教师不能满足于做"衣食教师",只在意学生的学业成绩而忽视他们的内心世界。

作为一名优秀的老师,他不仅仅是知识的传播者、课堂的管理者,还应当是学生心理的关怀者。

陶行知先生认为:"真教育,是心心相印的活动,唯独从心里发出来的,才能打到心的深处。"

因此,"学会关怀"应成为教师课堂教学的新目标和新技能,老师要用心去认识、理解、关怀学生,做到一言一行总关情,要把自己的生命放到学生的生命里去。

有人说:"关怀是飘扬在空中的小夜曲,使孤苦无依的人获得心灵的慰藉;关怀是照射在冬日里的暖阳,使饥寒交迫的人感到生活的温馨。"

关怀就像串串珍珠挂在学生的心幕上,像朵朵鲜花盛开在学生的心室中。

如果老师能从自己的珍珠链上采撷最耀眼的珍珠,从自己的心室中捧出束束鲜花,它们定会大放异彩,芳香四溢。

我们来看一个曾感动了中国教育界的知名人物的故事:

瘦小的身体、坚定的步伐、自信的微笑、风趣的谈吐,这就是河南浚县一中的优秀教师宋清民!

"人要生活得充实,就得有坚定的信念,有所追求,就得为社会做点什么,不然的话,那只能叫活着,而不叫生活。"这是他常挂在嘴边的一句话。

1998 年春天,女生叶红面部神经麻痹,需中药治疗,而出门在外的学生煎中药谈何容易。

宋清民老师立即让她把中药抓回来,替她煎。

这样,每天中午和晚上,宋老师都把中药准时煎好让叶红服用。中药太苦,宋清民老师还为她买了糖。

但一个疗程之后,叶红就断药了。宋清明问:"是不是怕麻烦我?你不用担心,我有时间的。赶紧把第二个疗程的药买回来!"

但叶红却依然摇头。

宋再三问其故,叶红才支支吾吾地道:"我家里钱紧张,等我妈发工资了再治病吧。"

宋清民也为难了,他有心帮助自己的爱徒,但一介清贫教师,能有多少余钱呢!

宋清民略一思索,便道:"叶红,不要急,我有办法。"他转身走出门,敲着隔壁的教职工宿舍的门:"李老师,借我点钱!"

叶红鼻子开始发酸。

很快,宋清民就拿着钱回来了:"叶红,拿着,赶紧买药去!

叶红的泪水夺眶而出。

宋清民笑道:"哭什么! 等你家有了钱,还给我就是。去吧,别忘了,药买回来了,还得在我这里煎啊!"

经过宋清民老师一个多月的精心照顾,叶红终于痊愈了。她在日记中写到:"我感觉到每一天的生活中都充满了阳光……"

后来,叶红顺利考入一所本科院校。在拿到大学录取通知书的一刻,本也清贫的宋清民将一迭零碎的纸币塞到叶红手中,笑着说:"我知道你家里不宽裕,拿去做路费吧,以后有什么困难还要及时告诉我啊!"

类似叶红这样的例子,宋清民连自己都不记得经历过多少个了。

作为学生,在家靠父母,在校靠老师。长期担任班主任的宋清民更是以慈父般的爱心关怀着每一位学生,特别是对于那些住校生,他更是常常嘘寒问暖,让学生们都有回到家里的温暖感觉。

开学的第一天,宋清民会把自己的手机号码公布给学生,并说:"不论是在学习上还是生活上、经济上有困难,你们都可以来找我帮忙。"

当严冬即将来临时,他在课堂上提醒学生要多穿衣服,防止因天寒而生病。

当"五一"、"十一"放长假或者放寒暑假前,他会告诉学生外出旅游和回家要注意旅途安全。

他还通过问卷调查把班上每个学生的出生日期弄清楚，如果上课这一天正好是某个学生的生日，就在讲课之前先向这位学生表示祝贺，同时把准备好的小礼品赠送给学生。

宋清民老师还善于捕捉学生的思想变化，当学生有错误时，他拉上一把，给予指点；当学生有进步时，他进行鼓励和表扬；当学生有困难时，他雪中送炭；当学生有苦恼时，他给予安慰和体贴；当学生受到挫折时，他给学生鼓起生活的风帆。

宋清民老师的好，正如叶红给他的信中写的那样："宋老师是世界上最高的山，是你将我们托在你的肩头，让我们眺望世界，展望未来；您是世界上最坚固的船，载我们驶向理想的彼岸；您是世界上最宽的路，让我们踏着您走向成功。您的无私如同父爱，深沉博大；您的教诲如同母爱，亲切而细腻……"

从学生给老师的来信当中，我们看到了一个优秀教育工作者的高贵灵魂！

我们更看到了"关怀"所具有感化心灵、激励学生进步的神奇力量！

作为教师，不仅要传授科学文化知识，而且还要关心学生成长，多跟学生进行情感交流，使学生感受到班集体的温暖融洽，把教书和育人有机地结合起来。

关怀之于学生，其意义远远超过了一堂精彩的讲课和一条强制性的规章。关怀甚至可以影响学生毕生的格调和色彩。

宋清民信任、尊重、关怀每一个学生，给学生留手机号码，提醒学生多穿衣服，告诉学生外出注意安全，为学生庆祝生日……正是这些发生在日常生活中的点滴小事，使得温情洒满了学生心田；正是这些不为人注目的小事，使得宋清民在学生们眼中的形象愈来愈高大，愈来愈完美。

透视宋清民，我们发现：只有关怀型的教师能够推动学生的进步，关怀是转化"差生们"的最有效途径。

很多老师总是习惯于把眼光停留在一些出类拔萃的学生身上，而对一些"差生"不闻不问、漠不关心。

其实,那些被人忽略的学生,他们就像干涸的土地一样,更需要雨露滋润,更需要你的关怀和鼓励。

苏霍姆林斯基曾指出:"对孩子的热爱与关怀,是一股强大的力量,能在人身上树起一种美好的东西,使他成为一个有理想的人,而如果孩子在冷漠无情的环境中长大,他就会变成对善与美无动于衷的人。"

失去关怀的人生就像失去控制的船只,摇摇晃晃没有依托;失去关怀的人生就像断了线的风筝,飘飘摇摇不知归宿;失去关怀的人生就像漫漫长夜,昏昏暗暗,没有光明。

作为老师,切不可做一个袖手旁观者,而要用关怀去唤醒学生懵懂无知的心灵,让他们感受到关怀的暖意在心底流淌,感到老师是亲切的,学校是温暖的,学习是有趣的。

只要老师多用真情去关怀"差生",多为他们着想,用真诚换取他们的真心,让他们找回自信,让他们理想的风帆扬起来,相信他们的明天也会很精彩。

关怀的好处,我们已经很明白,很清楚。但是,关怀的方法,却并非每位教师都能做到正确。

有的老师在如何关怀学生这个问题上总是存在着一些曲解,使关怀走上了一条失误的路线。

我们应当注意以下事项:

关怀不是过度的喋喋不休。

不论在课堂上,还是在办公室,我们经常会见到这样的场景:老师苦口婆心地讲解,百般"关照",生怕学生听不明白,做不好题,背不出课文,并再三警戒:"不这样,你将来考不上大学!还影响升学率!"

殊不知,在这种氛围中成长的学生,是很难正确理解和珍视老师的劳动付出的,他们的心理也多少有点扭曲,对行为及人际关系也越来越带有功利性。

无微不至并不是最好的关怀的方式。

有的老师对于学生所犯的错误,一般都亲自处理,从头至尾,任何细节都不放过,任何问题都要解决,而且还把"多余"的话说了一遍又一

遍,好像学生压根儿就不知道怎么处理,好像学生本来就是没有思想的木头人。

这样下去,倒容易使性格脆弱的更加脆弱,性格倔强的更加具有逆反心理。

关怀,应当讲究适度。

学生有好动、好奇的天性,这难免会有"危险",有的老师害怕他们出事,出于关怀的角度,对学生这儿也限制,那儿也限制,不仅禁锢了他们的智力发展,而且束缚了他们的个性。

有时,过分的关怀其实就是对学生的一种伤害。

放手让学生自己走路,放心让学生自己去解决问题,放开他们本来会日益聪慧的头脑,我们不要过分去在意他们的得失,我们不要对他们过多地担心。

如果我们能花更多的时间去考虑关怀的概念及其在教师角色中的意义、教育的宗旨、合适的课程等等,我们就能更深刻地理解自己的工作。

美国德育专家诺丁斯认为:"关怀的能力来源于被关怀的体验。"具有关怀品质的教师,西方称之为"以孩子为宗旨的教师"和"温和的指导者"。

教师对学生的关怀,就是在全面了解学生的具体情况和现实需要的基础上,设法满足学生的需要,并提供有针对性的、有效的、全面帮助的心理与行为。

因此,教师在课堂教学过程中也应在两个方面学会关心:

(1)内容方面,要从只关心学生的学习提升到在关心学习的基础上,对学生生命成长和生活幸福的全面关心。

(2)学会关心的方法,在全面关心的理念指导和技术要求下进行教育和教学,做学生成长的关心者,并培养同样"学会关心"的学生。

# 用爱的惩罚约束学生

俗话说:种瓜得瓜,种豆得豆。孩子种下的是错误,我们就应该让他尝到错误的后果——受到惩罚。作为教师,我们不能一味地找"闪光点"来赏识、表扬、夸奖、鼓励孩子,不能对孩子的错误置若罔闻、放任自流,否则,错误会永远是错误,小错误会演变成大错误,到时再来处理,为时已晚,这才真是贻误孩子一生。

"没有惩罚的教育是不完整的教育,没有惩罚的教育是一种虚弱的教育,脆弱的教育,不负责任的教育。"这是中国青少年研究中心孙云晓副主任的话,非常中肯。我们知道:教育的核心是培养一种健全的人格,未来社会需要的是心理健康的人才。让孩子为自己的错误负责,就是让孩子负担由于自己的过错而造成的不良后果,接受惩罚。这其实也就是教育孩子养成一种拿得起放得下的责任心,一种对自己、对他人、对社会的高度责任感。

这是发生在美国的一个故事:一个12岁的小孩在院子里踢足球,不小心把邻居家里的窗玻璃踢碎了。邻居说,我这块玻璃是块好玻璃,12.5美元买的,你赔。当时的12.5美元可以买125只鸡,更何况是对一个小孩。他没有办法,回家找到爸爸。他爸爸问,玻璃是你踢碎的吗?孩子说是。他爸爸说,那你就赔吧,你踢碎的就你赔。没有钱,我借给你,一年后还。在接下来的一年里,这个孩子擦皮鞋、送报纸、发传单,终于赚回了12.5美元还给了父亲。这个小孩后来成了美国第23任总统——里根。里根在回忆录里对这件事评论说,正是通过这样一件小事让他懂得了什么是责任——那就是对自己的过错负责。

有了错误就该承担错误的后果,违反了社会道德就要受到道德的谴责,犯了法就要受到法律的制裁,这是常识。让孩子为自己的过错负责,本身就有利于孩子尽早适应社会生存的需要,有利于孩子的健康成长。

一位教育家曾经说过："孩子进一步，大人就退一步。凡是孩子能做的。大人就不要替他做。"让孩子对他自己的过错负责，让孩子亲身体验过错给他带来的惩罚，然后，孩子就会长记性，少犯错误，进而少受惩罚。

当然，惩罚不是目的，而是一种教育手段。惩罚与体罚不同，体罚是惩罚中最极端的一种，是违法行为，既不能取得预期的教育效果，又严重违背教育人道。

作为教师，有权对教育活动的整个过程施加某种影响和控制，有权做出职责范围内的专业性行为。这是教师的职业性权利之一，也是教育活动中教师必要的权利之一，是随着教师这一专业身份的获得而取得的。教师放弃这种权利意味着教师放弃了自己的教育责任。

教育是一种培养人的活动，教师作为教育者，承担着社会、历史、国家和儿童之间的中介角色，教育活动要求教师肩负国家使命，使教师始终处于教育活动的主导性地位。教育活动的正常进行，离不开一定的纪律、秩序及管理组织形式，要维护教育的实施，教师必须拥有控制权力。

但是，世界上任何一种权力都是一种强制力，都会对权力对象产生一定的伤害，因此，任何一种权力都是需要限制的，教师的惩罚权力也需要限制。

教师要在尊重学生人格的基础上，合理、公正地对学生进行惩罚，以达到教育目的。

那么，怎样的惩罚方式才是"爱的惩罚"呢？

我们不妨看看下面这个故事：

英国的皮特丹博物馆收藏了两幅画，一幅是狗的骨髓图，一幅是狗的血液循环图。能够摆在这家博物馆里的画，人们都以为是什么大画家的作品，其实不然。这两幅画都是一个小学生的作品。

这个小学生对什么都好奇，有一天他看见校长有一只很漂亮的小狗，于是偷偷地打死了这只小狗。目的只是想看一下小狗的心脏是什么样子。校长发现自己心爱的小狗被小学生打死了，非常伤心，也非常恼

火,想要惩罚打狗者。

怎样惩罚他呢？校长了解到这个小学生打死狗的原因后,作出了这样的惩罚决定:要他画两幅画,一幅是狗的骨髓图,一幅是狗的血液循环图。这就迫使那个小学生认真地研究狗的内部结构,并由此对动物的组织结构产生了浓厚的兴趣,有了进一步深入研究的欲望。正是这个包含理解、宽容和善待胸怀的"惩罚",使这个小学生爱上了生物学,并最终因发现胰岛素在治疗糖尿病中的作用而走上了诺贝尔奖的领奖台。

这个小学生就是英国著名的科学家麦克劳德。

我们可以看出,充满爱的惩罚是一种善意的惩罚,能让受教育者暖意地接受,为师者不妨善加使用。

# 用爱的言行鼓励学生

陶行知先生说过一句话:"你的教鞭下有瓦特,你的冷眼里有牛顿,你的讥笑里有爱迪生。"他在告诉我们,千万不要对那些学习基础差、纪律松散、总让你操心的学生失望。乃至高举教鞭、横眉冷对、连连讥笑,因为每个学生身上都有闪光点,每个学生都有成才的机会,如瓦特,如牛顿,如爱迪生,在上学的时候是那些不被老师认同的学生,却成长为令人仰视的英才。如果我们把教鞭、冷眼、讥笑换成鼓励、表扬,那么在你眼里所谓的"恨铁不成钢"的孩子,有朝一日或许就会成为新的瓦特、牛顿和爱迪生。

不要说这是夸大鼓励在教育中的作用。如果我们还不能看到鼓励对孩子保持自信心有怎样的作用,那就让我们先来看一看讽刺、挖苦是怎样击垮一个人甚至毁掉一个人的。

一个男孩上到小学 3 年级了,写字还是一点没有规矩,乱涂乱画。

无论老师怎么要求他，他也改不了这个毛病。于是老师很生气，这一天，当老师再一次看到他交上来的字写得乱七八糟的时候，便当着全班同学的面把他的作业本撕了个粉碎，而且把碎片全部扬到了他的脸上。小男孩脸憋得通红，梗着脖子瞪着老师。老师的气更大了，他厉声问："你家长是干什么的？平时怎么也不管管你？"男孩不说话。下面有同学小声说："他爸爸是瓦工。"老师不假思索地说："我说呢，原来是遗传啊。瓦工不是要和稀泥吗？难怪你字写成这样。我看啊，有做瓦工的爸爸，你也出息不到哪去，干脆回家跟你爸爸学瓦工吧，就当一辈子和稀泥的人！"小男孩眼里的泪终于淌了下来，他慢慢地低下了头。

后来，这个男孩果然就做了瓦工。有人问他，没想过干别的吗？他憨憨地笑笑说："老师说了，我只能做瓦工，我天生就是做瓦工的料。"老师的一通讽刺堵死了他朝其他方向发展的路，认定自己只能做瓦工。

我不是说当瓦工就没有出息，就是痛苦的。关键是，这不是孩子选择的，而是老师不负责任粗暴的论断，让孩子认定自己没有别的路可走，认定自己只是做瓦工的料。他的一生就这样被老师的挖苦给界定在一个狭隘的圈子里，永远也走不出来了。

报纸上还登过两件事：

河南某中学初三女孩小蔚被诊断有强迫倾向，因为她听课时总感觉老师和同学在用歧视的眼光看着她，导致她不敢抬起眼睛看黑板。因为成绩不理想，她努力学习，但虽然盯着书，却一个字都看不进去。家长发现了她的变化后，做了一番调查，原来这个女孩的数学老师曾在全班同学面前对她说过："你这种成绩和智商根本就不用念高中，随便读个技校就行了。"这句在老师看来轻描淡写的话，让她产生了严重的心理障碍。

江苏一名15岁的中学生考试不及格，老师在批评他的时候说了几句："就这题你还错，简直比猪还笨！""你考这么点分，拖了全班的后腿，简直就是个废物！"结果，这名学生留下一纸遗书，纵身从7楼跳下，结束

了如花一般的生命。

看到这两个事例,你该认识到讽刺、挖苦这种"冷暴力"对我们的孩子身心乃至生命的损害有多重了吧？它不仅会毁掉一个人的信心,更要命的是,它会让一个人彻底地失去生的欲望。所以,如果不想毁掉一个人,那就把尖刻的语言抛得远远的。尤其是我们每天面对的是一群正在成长中的人,一群有自尊需求有被激励愿望的独立的人,同时也是因为尚在成长中,所以心灵很脆弱神经很敏感的人！因此,我们更要做到远离讽刺、挖苦,不吝鼓励和赞扬。

人是需要鼓励的,成人如此,正在成长中的孩子更是如此。讽刺、挖苦可以毁了一个人的一生,同样,赞美、鼓励可以成就一个人的一生。

我认识一个初中一年级的男孩小峰,学习成绩特别差,而且特别调皮,每天以捣乱、跟人恶作剧为乐事。所有的老师见了他都头疼,哪个班主任都不愿意要他。在学校,他成了有名的差等生。父母对他也是一点办法都没有,索性不去管他。一次,小峰在学校闯了大祸,把一个同学推倒,脑袋磕在水泥台上,致使那个同学当场昏迷。受伤的同学家长闹到学校,非要学校开除他才罢休。从学校背着书包回到家,这个学生的父亲恨铁不成钢,狠狠地说："你就不学好吧,出事到监狱里我们就省心了！"

于是,小峰更加破罐破摔,学也不上了,整天泡网吧玩游戏。眼睁睁着一个好好的孩子就要毁了,父母实在看不下去,流着泪找到了一个教育专家,求他挽救他们的儿子。专家了解情况之后,首先要求他们做父母的,从此抛下孩子不成器、没出息的想法。多发现孩子身上的优点,多给孩子鼓励,多对孩子讲他们对他的美好期望。然后要他们给孩子重新联系一所学校,到一个全新的环境中读书。最后,要求他们在联系了学校之后,能让专家和孩子的新班主任谈一谈。

他们按专家的要求做了,专家也见到了孩子的新班主任,于是把对小峰父母的要求又对老师说了一遍,也就是要求老师尽可能地鼓励孩子,而不是讽刺挖苦他。

第一天上学,小峰像个浪荡公子,晃着膀子就进了教室,坐在课桌旁,课本都不往外拿。但老师很有耐心,一直没有批评他。快到中午放学的时候,老师突然发现小峰坐直了身子,表情很认真的样子。老师知道,他肯定不是在听课,也许他只是趴累了,换一下姿势而已。但是,老师还是抓住这个机会,停止讲课,微笑着看着大家:"同学们,我知道大家学了一上午,到中午快放学的时候一定都累了,可是你们看人家小峰,还是坐得那么直,听得还是那么认真。看得出来,小峰同学是一个严格要求自己的人,我们要向新同学学习啊!"大家把目光都转向小峰,小峰愣了一下,随即面露难为情的样子,但直到放学,他的身子都是直直的。而且,此后他上课的态度也认真了许多。

老师继续依照这个方针,不断发现小峰的优点,不断地鼓励他。结果,孩子一天比一天懂得约束自己,身上的优点也就越来越多。半年不到,他已经彻底告别了过去的自己,成为一个老师和家长眼里真正上进好学、明理懂事的好孩子,后来还考上了一所重点大学。

这就是鼓励的作用,它可以激发一个人内心潜在的巨大的上进心和自信,进而可以改变一个人的一生,这一点并不是故弄玄虚。

不过,不要以为一说"鼓励可以改变一个人的一生",有的老师就觉得,关乎一个人一生命运的事情,我能做好吗?其实,再简单不过,有几点建议送给大家:

第一,善于发现学生身上的闪光点,并及时把鼓励送给学生。每个人都有优点,哪怕学习成绩再差、纪律性再差的学生,也都有可贵的长处,要用寻宝一样的眼光去发现学生身上的可贵之处。哪怕把眼睛想象成显微镜,无限放大学生的优点、长处。学生取得的每一次进步,哪怕是极其微小的进步,学生付出的每一次努力,哪怕是极其微小的努力,你都要看在眼里,然后毫不吝啬地鼓励他。

我们可以有意识地将激励的功能与日常的教育、教学行为结合起来,把激励性的语言日常化,通过经常的、及时的表扬和鼓励,促进学生的成长。

第二,鼓励要发自内心,不能敷衍,不能只为了表现出自己是一个善于鼓励学生的老师,或者因为了解了鼓励的作用,只为了获得鼓励后的结果,所以"例行公事"、"走过场",嘴里说着鼓励的话,脸上却是麻木的表情。这样的鼓励,对于学生来说,不如没有。轻者学生会认为:老师的鼓励不过如此,然后我行我素;重者学生会感到自尊心受到挫伤,认为老师是在说反话,看似在鼓励自己,实际是贬损自己,反而挫伤了进取心。既然是表扬、鼓励学生,就要充满真诚,发自内心,带着骄傲的神情,让学生看到你的确在为学生的优异表现而激动。如此,才会感染学生,产生强大的激励效应。

第三,鼓励要本真,不能因为我强调要让学生看到自己的骄傲和激动就来个超级发挥,如演话剧一般,满嘴溢美之词,甚至夸大其词地吹捧。这样的鼓励和表扬,被鼓励和表扬的学生会感到难堪,无法坦然接受,其他的学生则会对被表扬和鼓励的学生产生看法,或者对老师产生看法,认为老师偏向。

第四,鼓励不是不要批评。不要以为我一再强调不要挖苦讽刺孩子,要鼓励、鼓励、再鼓励,就是摒弃批评了。教育,离不开赏识,也离不开批评。只是一味地鼓励学生,却对孩子身上的缺点、犯下的错误视而不见、那样,对学生并无益处。

学生喜欢鼓励,我们就要毫不吝啬地给予。但是,批评是学生不喜欢的,我们就不做吗? 要做。不过,我们可以转换一下方式,试着用微笑传达我们对他们的批评,也就是说在批评中有鼓励。这样,既可以对学生的错误加以引导,又保护了学生的自尊。比如,一个学生往刚刚扫过的地上扔了一个纸团,纯粹的批评无非是板着脸:"你怎么这么不自觉,没看到别人刚把地扫干净吗? 太不懂事了! 罚你扫地一周!"而带着鼓励的批评则是另外的景象:"我知道你不是故意的,老师了解你,在我看到纸团的时候,你肯定早在心里想:我赶紧把地扫干净,是吧?"看,既有批评,又表达了对学生的期待。听了这话,学生自然是又愧疚又感激。

在一个人的成长过程中,没有比自信更重要、更能让人保持快乐心

境的了。而要学生保持自信,重要的是教师要通过鼓励来帮助学生建立积极的心态。赏识,会让学生把人性中最美好的一面表现出来;鼓励,会让学生把内心最乐观的一面展示出来。对学生来说,鼓励是何等重要!

学会鼓励学生吧,会鼓励的教师受欢迎。

# 维护学生的自尊

有一个乞丐跪在地铁通道摆着铅笔摊乞讨。来了一个商人,丢下一美金,匆匆离去。一会儿,这位商人又跑回来,认真地对乞丐说:"咱们都是商人,都是卖东西的,我刚才付给了你一元钱,没拿东西,现在我要拿走。"说着,蹲下来,挑了几支铅笔走了。

商人的话,让乞丐大为震动。他第一次听到有人称他"商人",第一次听到有人说他"卖东西",他一下子找到了做人的尊严。他迅速站立起来,掸掸身上的土,开始认真经营起他的铅笔摊。经过几年的努力,他成了名符其实的商人。一次,他衣冠楚楚去参加一个商界聚会,在那里,他见到了那位商人。他毕恭毕敬地走过去,深深地鞠了一躬,充满感激地说:"谢谢,先生!是你让我找回了尊严!"

一个人心灵的世界是靠尊严支撑的。不怕没有钱,就怕没有尊严。

对待孩子,没有比保护他的自尊更重要的事了。

有一位老师讲过一个她亲自经历的感人故事:

他叫小晨,很聪明,但课上只凭自己的心情回答老师的问题。那是一节语文课,我正在很投入地范读课文,只听得桌椅作响,抬头一看,小晨已经站起来了,正向后桌的女生发动着猛烈地进攻。见此情景,我连忙冲过去加以制止,问清缘由。原来,后桌的橡皮常掉在他的椅子上,开始他帮助拾了几次,以后便失去了耐心,于是"扣留"了橡皮。后桌穷追不舍。他便恼羞成怒,起而攻之。本来出手打人我是要训斥两句的,可看着他噘得高高的嘴巴和翻得几乎看不见黑眼球的眼睛,我明白,责罚只会激发他的倔强,使问题更难解决。于是我灵机一动,来个缓兵之计,和蔼地对他说:"她上课玩儿真是不应该,你能热心帮助同学,老师非常高兴,但方式是不是不太恰当?下课我们谈谈好吗?"他什么也没说坐下了,但表情缓和了许多。下课后我找到他,还请他做我的助手,发挥他聪明、学习好的优点帮助其他同学,也为我能多表扬他创造了机会。

　　一切进展得都很顺利,他和同学的关系也日趋融洽。可一天中午,突然五六个学生都来到我面前告他的状,说他弄折了拖布杆。他也紧随其后告值日生的状,"罪名"相同。我想:一定有人在说谎,而说谎是因为他们觉得弄断了拖布杆是件很大的错事,而且一定会挨批评丢面子。我于是打断了他们的争辩,轻声说:"不就是拖布杆断了吗?没关系,木头用时间长了自然会断的,在哪儿?怎么断的?"原来,小晨并不是值日生,中午自己坐不住,偏要跟着去投拖布,挤水时用力过猛弄断了拖布杆。可他并不承认,我也不急于说他的错,只是让他们小声地、详细地讲述经过,在几轮反复和争执之后终于"真相大白",他不得不把自己弄断拖布杆的经过说出来。面对这个弄断了拖布杆又公然"撒谎"的孩子,怎么办?批评?俗话说:伤树不伤根,伤人不伤心。这么小的孩子在全班同学面前"指控"他多项"罪名",他的自尊心怎么受得了呢?我的心为之一动,转而深情地望着他,真诚地说:"小晨,虽然拖布杆断在你的手里,但我并不批评你,我还要表扬你!"小晨听罢,抬起头惊异地望着我。我然后转头问:"你们知道为什么吗?"这时同学们在我的提示下开始找他的优点:比如他是帮助同学值日才去投拖布的,拖布杆本来就要坏了,断了也不能全怪他等等。"对呀!也许老师去投拖布,拖布也会坏在老师手里呢。只要不是我们故意破坏,坏在谁的手里又有什么关系呢?可是,在这件事上,大家又都有错,你们现在认识到了吗?"责任已经卸掉了,说起话来也就轻松多了,同学们有的说不该责怪小晨,有的说不该只想推掉自己身上的责任,这样太自私。小晨慢慢地说:"我也不对,弄断了拖布杆我没主动承认……"就这样,一场风波又在"爱"的大

伞下平息了,既使小晨认识了错误,又没有丢他的面子,保护了他的自尊心,我的心里也喜滋滋的。

而且更让我不曾想到的是,这个不合群、对集体活动很冷漠,甚至有一些自私的小家伙竟然参加了班级的小干部选举活动,还准备了热情洋溢的演讲稿。而且在与一名很淘气的同学的票数一样的情况下,他竟然主动把机会让给了别人,还对我说:"他比我更需要这个机会。"让我感动得几乎要流泪。

尊严是人类灵魂中不可糟蹋的东西。有一位作家曾经说过:"人受到震动有种种不同,有的是在脊椎骨上,有的是在神经上,有的是在道德上、感受上,然而最强烈的、最持久的则是在个人的尊严上。"一个从小失去尊严的孩子,长大后很难堂堂正正地做人,很难拥有健全的人格。

一般来说,人格是"引导一个人做出善行的内在品质"。少年时期,人格教育十分重要,它可以开发人的良知和才能,使其身心得到全面成长与成熟,从而去实现成功人生的理想。如果孩子的人格从小受到伤害,那对他的一生都会有恶劣的影响。

谈到少年犯罪,全国政协委员、社会与法制委员会副主任委员巫昌桢说过:"要告诉教师和家长们,孩子犯了罪,不要抛弃他、歧视他,更不能把他推到社会上去,那实际上是把孩子往火坑里推。挽救犯罪少年,不但要靠社会的教育,更要靠教师和父母的爱。"

一个人从小没有受到社会公正的对待,便很难公正地对待社会;相反,如果从小能够受到社会公正的对待,便能够公正地对待社会。

为学生的自尊撑一把伞吧,那样你会赢得整片晴空。

# 捍卫学生的权利

曾听一个人讲过他的故事:

我在国外的一位朋友有一个四岁的小女孩。一次，这个小女孩对我说："兔子最可爱了。"

我逗着她说："不，小猫更可爱。"

她点了点头就走了。

我又追问她："到底是你对，还是我对呢？"

她说："你有你的看法，我有我的看法嘛。"

四岁的小女孩能够有这样的想法，的确很了不起。许多大人都不见得明白的道理，竟然被她一语道破：每个人都有不同的看法，每个人也都有发表意见的权利，你不必附和或同意别人，但你必须尊重别人表达或保留意见的权利。

但是，我们许多教师不能做到这一点。

比如，我们以选三好生为例。既然是"选"，就应该由学生来选举，然而，在某校的一次班主任会上，我却听到了这样一段对话——

某班主任："唉，我班的学生太不像话！选三好生时，净选些我不喜欢的娃儿；我喜欢的，一个都没有选上！"

某校长："怎么能让学生选三好呢？注意：应是评三好生，而不是选三好生！"

某政教主任："其实让学生选也是可以的，只是选了以后由班主任统计选票作内部调整，然后公布结果。反正学生又不晓得！"

听到这里，我惊愕不已：岂止是不尊重学生，简直就是对学生的欺骗！

当然，这几位教育者未必是存心欺骗学生，他们也许是想扶正压邪，让真正的三好生脱颖而出。但是，以剥夺学生选举权来纯正班风，其班风决不可能因此而纯正起来。相反，这样做的结果，只会扭曲学生心目中业已形成的健康的道德观念，败坏我们神圣的教育！

以上几位教育者的话也许并不具有代表性，但类似的认识却不能说

没有一定的普遍性。对于三好生（包括班干部）的确定，不少班主任总习惯于自己说了算。在他们看来，学生懂什么，难道老师看中的人不是好学生吗？不应该受到学生们的拥戴吗？

正因为如此，我们要大声疾呼——请尊重学生的选举权！

尊重学生的选举权，有利于培养学生的是非判断能力。在选举的时候，学生庄严地举起右手或交上选票之前，他不能不严肃地思考：什么是真正的"三好"？班上哪些同学才真正值得我敬佩？……教师为学生提供这样的思维过程，便是给了学生一次自我教育的机会，学生的是非观念、道德观念正是在这一次次实践（比较、辨别、判断）中逐步形成的。若一切都由教师内定，这些便都不存在了。学生会产生一种依赖思想：反正一切有老师，好与不好当然是老师才有发言权，我们学生总是幼稚的！试想，这样的学生怎么可能建立起高尚而坚定的社会主义道德信念？

尊重学生的选举权，有利于强化学生的集体主义主人翁责任感。集体主义情操的培养应是中学德育的核心。而班级集体主义教育不应仅仅是纯观念的教育，同时也应该是集体主义行为的训练。班级一切活动都是学生形成集体主义观念的良好途径。其中，让学生对班级建设发表自己的看法，让学生对同学作出自己的评价，便是使学生切身体验班级主人的责任感。对三好生、班干部的选举，决不仅仅是让少数学生感到一种荣誉，而是让每一位投票者感到自己对集体的义不容辞的责任，感到作为集体主人翁的神圣与自豪！若剥夺了学生的选举权，则无疑是在无声地告诉学生：玩儿去！班里事儿与你有什么相干？这样，教育者平时"苦口婆心"、"语重心长"的集体主义教育便被自己不知不觉地否定了！

尊重学生的选举权，有利于鼓励三好学生、班干部门更好地为同学服务、为同学负责。既然三好生、班干部是由全班大多数同学确定，那么，想当三好生、班干部就应该多为同学服务，接受同学监督。这样产生的三好生、班干部，才会真正受同学们拥戴，而当选者也才真正感到自豪。若学生对三好生、班干部的产生竟无影响力，那么班级舆论实际上

是在鼓励虚荣心与投机者:反正只要在教师面前表现乖巧些,就能获得荣誉。这样,我们教育者所深恶痛绝的表里不一、两面三刀、投机取巧、双重人格等现象便很容易产生。

有人也许会问:"照这样看来,班主任就只有一切听命于学生了?教育者的主导作用又从何体现呢?"

教师的主导作用当然要体现,尊重学生的选举权也决不是"一切听命于学生"。但"主导作用"重在"导"——开导、疏导、引导,而非"一手包办"地"领导"。教师对学生的引导主要在平时大量的,各方面的,或理直气壮或潜移默化的教育,这些教育集中到一点,就是要让学生懂得辨别美丑善恶是非的道理,并把这种道理转化为植根于心灵的道德信念。我不否认前面那位班主任所说的他班发生的不正常选举现象出现的可能性,但这恰恰暴露出这位教师平时的教育失误。面对是非颠倒的选举结果,他应做的不应是剥夺学生的选举权(这样实际上是把自己的责任统统推给学生),而是设法造就一个良好的班风。在集体舆论健康的班级里,至少大多数学生的道德评价、是非判断与班主任是一致的。班主任也正因为如此而坦然自若地尊重学生们的选举权。表面上看,教师对学生的选举"放任自流",而实际上教师已通过平时的教育引导不露痕迹地决定了学生们的正确选择——教育者的理智与艺术正在于此!

至于"让学生选了之后,班主任自己统计选票,作内部调整"的"妙计",则属于典型的"虚伪的民主",这不仅是每一位有良心的教育者所不能接受的,更是我们的民主教育所不能容忍的!

伏尔泰说过:"我不同意你说的话,但我会誓死捍卫你说话的权利。"同样,"我不同意你选出的三好生,但我誓死捍卫你的选举权。"为师者,切记切记。

# 倾听学生的心声

我们先来看两则故事。

故事一：

美国知名主持人林克莱特有一次访问一名小朋友。

林克莱特问："你长大后想当什么呀？"

小朋友天真地回答："嗯，我要当飞机驾驶员！"

林克莱特接着问："如果有一天，你的飞机飞到太平洋上空，所有引擎都熄火了，你会怎么办？"

小朋友想了想："我会先告诉坐在飞机上的人绑好安全带，然后我挂上我的降落伞先跳出去。"

当现场的观众笑得东倒西歪时，林克莱特继续注视着这孩子。

没想到，孩子的两行热泪接着夺眶而出，这才使得林克莱特发觉这孩子的悲悯之情远非笔墨所能形容。

于是林克莱特问他："为什么要这么做？"

小孩的回答透露出一个孩子真挚的想法："我要去拿燃料，我还要回来！我还要回来！！"

故事二：

一位年轻的妈妈和她4岁的儿子陪着她的父亲一道去春游。儿子口渴了，妈妈从背包里拿出两个苹果，要儿子给外公一个。没想到儿子将苹果拿到手后，在两个苹果上面分别咬了一口。见到孩子这样，母亲心里很不是滋味，平常自己太疏于管教了。

"妈妈！"儿子话刚出口，看见妈妈狠狠地瞪着自己，于是将要说的话咽到肚子里去了。

外公知道孩子这样做一定有他自己的道理，便紧紧抓住孩子的手，笑容满面地问道："乖孙子，告诉外公，你为什么将两个苹果都要咬上一口？"

孩子两只黑葡萄般的眼睛忽闪忽闪着，满脸童真："因为……因为我想把最甜的一个给外公。"

外公笑得更欢了。母亲的眼里隐隐闪烁着泪花。

你听到别人说话时……你真的听懂他说的意思了吗？让孩子把话说完，了解孩子的真实想法，不要把自己的想法强加在孩子身上，你会发现孩子是多么的可爱。

所以，你不但要听，而且要学会"倾听"。

可惜，许多人包括教师都做不到这一点。

我们每天都在听，可是不一定在倾听。

听与倾听不同。听是一种生理过程，是"声波在耳膜上的震动和电化脉冲从内耳向大脑中枢听力系统的信号传递"。听是入耳，是一种生理游戏，但不一定入心，别人在说话，你听到了，别人说的话仅仅是一种声波和信号，与马路上的汽车喇叭声、窗外的鸟叫声本质上没有区别。

而倾听则不同，是入耳又入心的生命活动，只有人类才会倾听。倾听是很累人的一种身心两方面的活动。倾听为什么会比较疲劳？是因为倾听必须集中注意力，而且要让听到的内容与自己的认识和知识结构进行比照，并与讲话内容发生冲撞或融合。只有产生冲撞或融合了，听到的才对你有意义。倾听是一种人类特有的有意义的活动，当你认为别人的讲话对你有意义，你才不会坐立不安，甚至才会有可能忘记肉身的存在，忘记了疲劳。

学会倾听是十分重要的，因为倾听是交流的第一技巧。专家指出，在工作中取得成功的人士，他们的成功有八成是依赖于倾听别人说话或让别人倾听；一名成功的教师也是如此，倾听几乎是教师的日常工作之一，不可想象如果没有倾听，教师怎么可能理解他的学生，又怎么教得好书？此外，倾听是人际交往的一种姿态，不善倾听，就不太会交到真正的朋友，也不会有家庭关系的融洽，因为有时人们仅仅需要你倾听，倾听就足够了。一个不善于倾听的人，他的人生也许会因此而非常失败。

倾听不仅是一种交往技术，我认为倾听更是一种美德。善于倾听的人身上有一种善良的天性和善解人意的特质，这种力量超出你对别人的道德说教而非常自然地就能赢得人们对你的尊敬和爱戴。

　　倾听还是一种你个人能力的综合表现，是对你个人的注意力、记忆力、理解力、想象力、思考力等等这类智力因素的挑战和训练。

　　而且倾听还是一种丰富情感的表现。很难想象，一个感情麻木，心灵冷漠的人居然会倾听！倾听是一个逻辑的归纳、综合、演绎的过程，更是一个情感投入的过程。

　　倾听可以使你的心与智两方面越来越发达，我们没有理由不倾听。

　　可是，有心理学家指出倾听是"一门失传的艺术"，说倾听是"艺术"，是因为倾听是倾听者的创造性劳动；说倾听"失传"，是心理学家认为，好多人已不那么乐于和善于倾听了。有些人不愿意倾听，我不想过多地分析为什么他们不愿意倾听，因为那是个复杂的问题。我只想多分析一下人们不能正确地倾听的原因，如果我们找到了发生这一情况的原因，那么或许可以找出解决之道。

　　首先是精力不够集中，精力不集中是无法倾听的。生理和心理因素都可能导致精力不集中：生理上的原因主要是体力上的，体力不支使精力不易集中；而有些人的认知风格也会导致精力不集中，比如有些人一向更适合于通过阅读而不是倾听来与外界交流或获得信息。如果注意力不集中是因为生理问题，那我们应该表示谅解。

　　有些精力不集中则是由心理问题造成的。比如有些人习惯性地走神，如果这些人平时注意训练自己的注意力和意志品质，那么这种情况就不会发生。

　　其二是听别人讲话时太集中关注了细节，错过了要点。比如在听讲演时，讲演者为了吸引听者，要经常在讲演中穿插一些故事、笑话，或为了进一步证明观点，需要引用很多材料，但是讲演中引述的那些故事、笑话或材料是为观点和讲演内容主干服务的，你如果只被这些次要信息吸引，却错过要点，说明你的听讲能力有待提高。

　　其三是习惯于主观武断地听讲。有时我们过于相信自己，相信只要说话者一开口就知道他所要讲的话是什么意思。我们过于相信了自己以后，就不太愿意听他们实际想说什么，有时我们根本就不想让人把话讲完。如果一开始我们就假定一个人的话或思想是无聊的没有意义的，

那我们就不会耐着性子倾听了。太带有主观性的先人为主的听法是听者与讲者的错位。

其四是太注意讲话方式和个人外表、口气、习惯,而忽视了内容。虽然讲话者可能不漂亮,普通话不标准,姿态不好,甚至你平时和他有意见,但这都和你的倾听关系不大,千万别受这些因素干扰。

学会倾听吧!

一个愿意倾听并且善于倾听的教师会让学生感到亲切,学生愿意跟他交谈,使师生关系变得亲密、友好。教师通过倾听,可以增加对学生的了解;了解学生过去有过什么经历、有过什么荣誉,家庭情况怎样?性格是开朗的还是内向的,他崇拜什么样的人?教师通过倾听,可以了解事情的真相,学生的真实想法,减少误会,使教育有效。有些教师没有倾听的习惯,与学生缺乏沟通,造成师生关系对立,导致误会越来越深。另外,通过倾听,教师能及时了解到学生对教师教育、教学方法是否适应,对教师言行有什么看法,知道他们最满意自己的是什么?不满意的有哪些?以便教师及时做出调整,满足学生的要求,建立和谐的师生关系。倾听本身也是一种鼓励方式,能提高学生的自信心和自尊心,加深彼此的感情,因而也就激发了学生的学习热情与责任意识,有助于取得更好的教育效果。

可以说,倾听几乎是教师的日常工作之一,不可想像如果没有倾听,教师怎么可能理解他的学生,又怎么教得好书?

所以,教师没有理由不倾听。

# 珍藏学生的秘密

每个人心灵深处都有自己的秘密,不管这秘密是"好"是"坏",都是我们深埋内心,不愿让人知晓的,尤其是那些因为一时糊涂而犯下的,可能伤及我们自尊和人格的"傻事",我们更宁愿让它沉睡在内心最深处,

直至海枯石烂。

孩子也不例外。

所以,教师,请守住孩子的秘密。

我们先来听一位小学教师讲述的故事。

　　记得有一次,学校在开学初收取各种费用,在课间,我把收上来的几个学生的油印费30元钱随手夹在了教科书里,接着又给学生上了一节课。由于我的粗心,下课后我把课本遗落在讲桌上了,30元钱因此不翼而飞。下午,我给学生上了一堂"诚善为美"的班会课。下课前,我对全班同学说:"诚实的心灵比金子还可贵,王老师今天把夹在书里的一样东西弄丢了,我希望无心'拾到'它的同学,在没有人的时候给王老师夹回到书里。"于是我又把教科书留在了讲桌上。等到放完学我给班上的门上锁时,发现讲桌上的教科书里平躺着30元钱。第二天早上,我在班上对同学们说:"昨天,一位同学帮老师找回了遗失的东西,我感谢他,我相信,这位同学不仅仅找回了这些东西,同时,也找回了他自己遗失的诚实。"我的话音刚落,全体学生都为这不知名的勇者鼓起了热烈的掌声。

　　几天过去了,是一封夹在作业本里的信,又使我想起了那天的事。小涛在信中写道:"王老师,那30元钱是我拿的。这几天,我的心理特不踏实,我恨自己,气自己,我一直都是您器重的学生,您是不是对我也很失望啊?上星期,我和同学去书店,看到了《鲁滨逊漂流记》这本书,回家跟妈妈一说,她坚决反对给我买,说是怕我看课外书影响学习,可我真的很喜欢,所以,我就……您不知道,那天我是怎么过来的,想到您平时对我们的教导,看到您那循循善诱的目光,我真的不允许自己这样做。于是我又把钱夹到了书里。事情虽然已经过去了,但这几天我一直不敢抬头看您,我不能原谅我自己,王老师,您能原谅我吗?"这是一个孩子发自肺腑的诉说,于是我在下面写下了这样一段话:"小涛同学,老师为你而骄傲!你勇敢,你诚实。同时,老师也很感动,你能把我当成朋友说出心里话,让这件事成为我们两个人的秘密,永远的秘密,好吗?"第二天,我把小涛叫到办公室,将一本崭新的《鲁滨逊漂流记》递到他手里,当他双手接过这本书时,我看到的不仅是他满面的欣喜与安然,还有眼里闪烁着的晶莹。

现在,这个学生已升入初中,每年的春节都会打电话给我,他告诉我,那本《鲁滨逊漂流记》他一直保存着,而且摆放在书桌最显眼的位置上。

没有不犯错的学生,从积极的角度处理有过失的学生,保护和培养学生的自尊心,是教育智慧的体现,也是一位教师爱学生欢迎的必备条件之一。

记住,学生不是我们的仇人,需要我们时时揭发;他们恰恰是我们应该保护的人,不但在生理层面,更要在心理层面。

珍藏孩子的秘密吧,没有秘密的孩子长不大。

# 善待学生的耍"酷"

说不清从什么时候起,就像一阵风似的,突然在我们的身边刮起了一阵"酷风"。尤其是在孩子们身边,"酷"成了一个使用频率极高的字眼:看到别人穿一件很出众的衣服,"哇噻,这件 T 恤好 Yeah,帅呆啦,酷毙(还是毕?)啦!"

看到一个影视歌星精彩的演出,崇拜至极——"哇噻!好酷啊!"见到同桌拥有前卫的玩具,也来一个"呀,你真酷"。最近,六年级的班主任刘老师就遇到这样一件头痛事:

早晨进校,就遇到学生小芸的妈妈向她诉苦:"刘老师,你发现小芸最近学习有没有变化?她一天到晚崇拜这个歌星,那个影星,还说班级里很多同学都买了影星的最新专辑,买了名牌的学习用品,一直跟我嚷嚷呢。每天做作业都没有心思,一边听流行歌曲,一边做。"竟有这样的事情?刘老师有点儿惊讶。转念一想,前些日子在学生的家庭作业本上是发现了许多影星的贴纸,她一直以为只是孩子街上买来玩玩而已,没有意识到有这么严重,莫非是影视作品看多了的缘故?她决定去班级里调查一下。

午饭后,刘老师暗中在教室里观察,呵呵,自己真是粗心,很多同学穿着打扮上已经有了变化。瞧,许多男生的手腕上、手指上莫名地戴上了许多饰品;女生呢,也有类似的现象,午间总爱挤在一起,听什么MP3,难怪部分孩子的学习成绩最近有些下滑。怎么办?刘老师思前想后,如果一味地批评他们,也不对;孩子崇尚一切美好的事物,也不错。但是,他们对于什么是真正的"酷"还不是很懂,仅仅是外表上的模仿。该如何正确引导他们?她急中生智,决定第二天的班队课就跟孩子讲讲"酷"。

课上,刘老师在黑板上写了一个大大的"酷"字。"同学们,最近老师发现大家对这个字非常感兴趣,我也非常感兴趣,大家一起来交流交流吧。你是怎么理解'酷'字的,在我们学习生活中,哪些是酷的表现呢?"

一开始,大家你看我,我看你,都不敢说。小宇同学第一个站起来:"酷就是非常好,是令人惊讶、羡慕发出的赞叹,说明非常棒的意思。我发现影星们买一些时尚的饰品,戴在身上,有点耍酷的样子,所以有些同学就模仿他们!"刘老师点点头。

小周说:"酷是引领时代潮流的标志。在我心目中,酷是一个十全十美的称号。能称得上酷,一定要帅,要俊,能在眉宇间透出几分英气。并不是什么都要好,但一定要有一技之长。然后要有正义感,能行别人不敢行之事,能言别人不敢言之语,要有一些新颖之举,有些别具一格,有些叛逆精神。最后,要有一种朝气蓬勃的气质,并不做作。"呵呵,刘老师当然没有想到孩子这么厉害!

是呀,并不是每个人都有资格和条件称得上酷的。你看看孩子们理解的酷,很有意思吧,刘老师简直惊呆了。"我应该怎么去引导孩子把

主要精力放到学习上来?"她想,"那么,你觉得我班哪些同学非常酷?请小组进行讨论,等一会儿每组推荐一个代表起来发言。"

孩子们在教室里叽叽喳喳,很是热闹,刘老师走到孩子们中间,参加他们的讨论,原来在孩子们眼里,这些都是酷的表现:

小超朴实的外表下是横溢的才华,他上知天文,下知地理,琴棋书画样样精通,能说会道,熟读文学名著,出口成章,读书节上的精彩表现令大家刮目相看。跟他在一个班级,真是幸福每一天!

小译是校拉丁舞队队员,舞跳得很好,在江苏省青少年拉丁舞比赛中已获得了许多奖项。他本是小帅哥一个,白皙的皮肤,很引人注目。他对同学很友好,我们都请他教跳舞,他总是不厌其烦地教我们。他还喜欢体育运动,跳绳是班级之冠……一般的同学在班级接力比赛中总会失手,可是他轻松得很,有时不但很快地跳过去,还在空中做了一个360度的大转弯,看得大家一愣一愣的……同学们禁不住地拍手。这样的同学真的很酷!

小胜也很酷,他的家庭条件好,身上穿的衣服都是名牌哦,同学们都称他酷哥。但这不是主要理由,他很善于帮助同学,在开学初班级扶贫济困活动中,他把积攒了196天的零钱全部捐给了贫困同学,我们看到他把储蓄罐里的钱都掏空了,真的非常佩服他,因为他在帮助同学。

谈话中,刘老师发现很多同学理解的酷不仅仅是家长所说的物质上的追求,孩子们已经懂得怎样才能真正做一个"酷"的人。刘老师觉得今天的班队课上让孩子说一说,辩一辩,把自己内心的感受说一说有好处:孩子在这样的氛围中交流,他至少明白了一点,不能靠外表上的模仿追求美好的东西,而是内心的美好才能吸引人!


有人说:教师的眼光总是那么挑剔,对于孩子的优点和成绩,往往是视而不见;对于孩子稀奇古怪的想法,往往会戴起放大镜。可是,孩子们有自己的世界,走进他们的童心世界,也很有趣。如果你平时遇到这类事情,你会怎么处理?刘老师的做法值得我们每个教师反思:

1. 学会接纳孩子

当孩子出现盲目地崇拜明星或者成为一个"模仿秀"的时候,当教

师的首先要学会接纳,切不可一味地加以否定,或者持先批评教训一顿的错误想法。像孩子耍酷,影响其学习成绩了,刘老师没有轻易去批评孩子,而是从容应对,将计就计。

2. 要学会用孩子的眼睛去观察世界

其实,在大人眼里。酷是一种内在心境体验的自然外在流露。喜欢一些新颖的东西,时尚的东西,新潮的东西,不仅仅是大人的专利,小孩子也一样。凡是美好的东西,启迪人心灵的东西,孩子谓之酷也无妨。关键是能重视方法上的引导,能帮助孩子走出认识上的误区。像案例中的刘老师,利用班队课,让孩子之间先交流,再来解决问题就比较好。

3. 教师要与学生共同成长

随着时代的发展,一个个新词出现在学生的生活中,什么"美眉"、什么"伊妹儿",还有许多人的口头禅"帅呆了"、"酷毙了"……对此,我们老师不必大惊小怪。重要的是我们平时要适时引导他们,启迪他们,让学生明白不可盲目地模仿影视明星,如果把主要精力放在追星上,荒废了学业,那就耽误大事了。我们要引领孩子品读名著,完善自我,丰富他们的精神世界,真正提高他们的审美能力。

时代在变,学生在变,教师的思想也要跟着变,这就叫"与时俱进"。

# 在平等中培养平等

全国优秀特级老师李镇西讲过一件事:

课间休息,一女生来到办公室:"李老师,我想借个杯子喝水服感冒药。"我坐在椅子上,用手指了指角落的书柜:"喏,第二格抽屉里有,自己拿吧!"学生找到杯子,自己倒开水服了药,说:"谢谢李老师!"然后走了。

上课了,是作文课。学生在下面写作文,我在讲台上批改作业。这时,手中的红色圆珠笔没油了。于是,我轻声地问前排学生:"谁有红色圆珠笔,借来用用?"虽然是轻声,但许多学生都听见了。于是,坐在前几排的学生都争先恐后地从书包里拿出文具盒,然后以最快速度打开,找出圆珠笔,他们纷纷把握着笔的手伸向我:"李老师,用我的笔吧!""李老师,用我的!用我的!"每一双眼睛都充满了真诚的渴望。还是那位课间向我借杯子的女生反应敏捷,坐在第三排的她几乎是小跑着上前,把笔递到我的手中——在递到我手中之前,她还细心地将笔芯旋转了一下,把原来的蓝色旋转成红色。

尽管不一定每一个学生都向老师借过杯子,但我相信几乎所有老师都曾向学生借过笔,并享受过学生争先恐后递笔的热情。

我们需要思考的是:为什么学生向老师借杯子,老师想都没有想过亲自把杯子递给她呢?而老师向学生借笔时,为什么学生没有对老师说:"喏,文具盒里有,自己拿吧!"

我当然不是说,老师向学生借笔时学生叫老师自己拿,才是正常的;不,我认为学生把笔递给老师是对人起码的尊重。问题是,学生跟老师借水杯时,老师为什么没有亲自把水杯递给她呢?

因为在老师的潜意识里,学生毕恭毕敬地把笔递给老师,是理所应当的,因为他们是学生;而如果老师把水杯毕恭毕敬地递给学生,则是有失体统的,因为老师是老师。

可是,为什么会这样呢?

而且这样的"为什么"还可以问许多:为什么校园里师生相逢,往往是学生先招呼老师,而不是老师先招呼学生(而且有时学生招呼老师,老师还爱理不理的)?为什么上课前学生毕恭毕敬地向老师鞠躬:"老师好!"而老师往往只是敷衍地说声"同学们好",甚至只是"嗯"一声?为什么学生到医院看望老师不过是"应有的礼貌",而如果老师到医院看望病中的学生就成了难能可贵的"事迹"?为什么老师去家访时,学生总会为老师搬来椅子,而学生来到办公室很少享受"请坐"的"待遇"?为什么学生违反了校纪被处分是"理所当然",而老师犯了错误接受班

规惩罚就成了"品德高尚"……

一切都源于根深蒂固的潜意识:师生是不平等的。

师生平等与否,往往通过一些司空见惯的细节表现出来,而且这些细节都是不经意的,但也许恰恰通过许多"不经意"的"细节",我们就正在为未来培养着公民或顺民。

既然民主同时也是一种生活态度,那么这种态度在日常生活中,更多的是表现为人际之间的平等。让学生从小在心灵深处确立平等观念并在日常生活中表现出这种"平等",这是我们教育的分内之事。我们要让学生认识到,现代社会生活要求人与人之间拥有人格上的独立与平等。还要使学生了解公民之间权利与义务的平等性以及在法纪面前的一视同仁,懂得尊重、维护自身与他人权利的道理。努力使学生具备尊重自己,同时又尊重他人,善于交往,善于与人合作,重视各种横向联系的生活态度。

基础教育界近来流行一句话:"蹲下来和孩子说话。"这对于过去教师伟岸地站在讲台上俯视学生无疑是一个进步。但我理解这句话中"蹲下来"的本意主要不是指"肢体的蹲下"而是"心灵的蹲下",即教师要在心灵深处平视学生。这里需要说明的是,所谓"蹲下去和孩子说话"不应该被视为一种"更高境界的师德"——如果"蹲下去"纯粹成了一种姿态,那说明教师的心并没有"蹲下去",所谓肢体的"蹲下去"不过是居高临下的"平易近人"而已,骨子里还是把自己看得比学生高。

我这样说,是想特别强调这样一个观点:师生之间的平等关系,不仅仅由教师的所谓"师德"决定,也是教师职业特点所蕴含的必然要求。教师在从事教育或教学时绝不可能是单向的,因为他面对的是同样有着思想感情精神世界的"人",因此,教育的实施必然是师生双向互动。教师必须有赖于学生多方面合作——即使是一种被动合作,也可能完成其教育任务。如果学生不配合,教师的教育任务不可能完成。换句话说,教师的教育教学是一种授受一体的关系,是双向互利性的,而不是一种单向施与。

作为肩负教育使命和引领责任的教师,当然应该在思想上比学生更

成熟、学识上比学生更渊博;但这不妨碍我们拥有一颗孩子般的童心,童心与童心的相遇,才是真正自然而然的平等。

对教育者来说,培养学生的平等观念,与其说是煞费苦心的"教育",不如说是潜移默化的"感染",即通过教师本人心灵深处平等意识的自然流露,给学生以"润物细无声"的影响:教师走进课堂,学生起立齐声说:"老师好!"教师应该真诚地鞠躬回应:"同学们好!"需要帮助的学生被叫到办公室,教师首先请他坐下;校园师生相逢,教师主动招呼学生,或者面对学生的问好,教师也真诚地问学生好;课余,教师和学生不妨一起嬉戏娱乐……这都体现出师生尊严上的平等。

在营造班级人际平等氛围的过程中,教师还应注意唤起一些后进生内在的尊严感。往往有这种情况,对于自卑感很重的学生来说,无论同学们怎样对他友好,他都表现出一种孤傲和冷漠。在这种情况下,同学们的热情成了礼貌,而他的勉强应酬则成了客套。这不是真正的平等精神。因此,唤起部分差生的尊严,是使他们具有平等意识的关键。尽管现在的学校教育大多只把学生的尊严体现在分数与名次上,但是,我们应该善于帮助学生发现并发展他自己独特的禀赋与才能,使他们产生"我有着其他任何人都不可能有的智慧"的自信与自尊。

"平等"首先意味着人们在社会上处于同等的地位,在政治、经济、文化各方面享有同等权利。这个权利当然包括受教育的权利。所谓"受教育的权利"应体现在两个方面:入学的权利和在学校接受人格引导、知识传授和能力培养的权利。对前者,人们一般都比较关注(比如对"普九"的重视);而对后者,人们却往往忽视。在不少人的心目中,只要学生进了学校,他受教育的权利就已经得到了保障和尊重。但事实上并非如此。

如果说,适龄儿童入学权利的保障,更多的是取决于当地的经济发展水平和政府对教育的重视程度的话,那么,在校学生是否真正享受平等的受教育权利,在很大程度上取决于教师是否真正平等地尊重每一个学生。

要让我们的学生意识到,同在蓝天下,都是大写的人!人与人之间的智力、才能、学习成绩、性格特点、家庭经济情况等等存在着客观差别,

但每个人的尊严和权利都是绝对相等的。平等只能在平等中培养——今天的教师如何对待学生,明天的学生就会如何去对待他人。

# 欣赏的力量——相信你能行

曾听一个朋友讲过一件事:

一天晚上,我在医院陪伴住院的妈妈,出来已经快到午夜 12 点了。我打了辆车,希望早点儿到家,赶上电梯,不然的话,我就要自己爬上 13 层楼了。

上了车,第一个感觉是干净。我不禁赞叹道:"呀,这车可真干净!坐这样的车真舒服!"

"那当然,咱就是干这个的嘛!"司机一边开车,一边回答。知道我赶着回家,他走了条近路。

"您对北京的道路真熟悉,这样我能赶上电梯了。"

"那当然,咱就是干这个的嘛!"

"您的服务态度真好,坐您的车可真有福气!"我发自内心地感谢他。

"那当然,咱就是干这个的嘛!"

下车的时候,应该付 11 元钱,可实在找不出零钱,司机只收了 10 元。我连忙地说:"真抱歉,本来晚上就挺辛苦的,您还少收了钱,这可怎么好……"

"不要紧,欢迎您再坐我的车。"司机说完哼着小调开走了。

你看,得到了别人的欣赏,证明他的服务让人满意,司机是多么的开心!

渴望被欣赏是人的一种基本精神需求,社会生活中,每一个人都渴望得到别人的欣赏,同样,每一个人也应该学会去欣赏别人。欣赏与被

欣赏是一种互动的力量之源,欣赏者必抱有愉悦之心,仁爱之怀,成人之美;被欣赏者必产生自尊之心,奋进之力,向上之志。因此,学会欣赏应该是一种做人的美德。

对人的教育,尤须重视这"欣赏效应"。美国一位心理学家做过这样一个试验:他将学生分成3组,他经常对第一组学生表示赞赏和鼓励,对第二组采取不管不问、放任自流的态度,对第三组则不断给予批评。试验结果表明,被经常赞赏和鼓励的第一组学生进步最快。

21世纪提倡素质教育,学生掌握知识的多少已不再是教学的重点,重要的是激发学生的学习兴趣和积极性,培养学生学会学习的方法、养成良好的学习习惯。

赏识教育的态度模式是"爱"字,使被教育者在学习中得到赏识,积累成功;赏识教育的行为模式是"导"字,使被教育者在赏识中获得成功。学生之间能力存在差异,作为教师要特别爱护差生,要善于发现,及时抓住,分析引导,给予肯定评价与热情鼓励,使一个小小的进步逐渐扩大发展,让这些星星之火,燃烧成燎原之势。我们常说"失败是成功之母",但对这些后进生来说,"成功更是成功之母",而对老师来说,教育的本质就是帮助学生成功,教师能力的转化也在成功的过程中实现了。

我们不妨看看下面这个案例:

我在小学曾教过这样一名学生,他好"懒",讨厌做数学作业,拖拉、潦草、"短斤缺两"、错误百出是经常的事情。更糟的是,他好"管","对己自由主义,对人马列主义",总喜欢对别人指手画脚,不是检举同学作业不认真,就是嘲笑同学作业错误多。但是,他在课上回答问题或考试时却是常胜将军。典型的学习态度差,且屡教不改!咋办?

我尝试改用欣赏的眼光审视他、引导他、教育他。首先允许他自愿做作业,可以全做,也可以选做,还可以不做,然后赋予他管教的权力,让他批改和辅导学生作业,最后由我检查他批改作业和辅导学生的情况,据此替代他的作业成绩和评定他的学习成绩。在我的欣赏下,他的缺点变成了他的优点,"检举别人"变成了"督促别人","嘲笑别人"变成了

"帮助别人",并且他还体会到了以身作则和"下水作"的必要性和重要性,开始主动又认真地做起了作业。后来的他就不再是原来的他。

欣赏可以使学生的缺点变成优点,优点变得更优。

作为一名教师,一定要学会从不同角度去观察、欣赏学生,发现学生的闪光点,应让学生在"我是好孩子"的心态中觉醒,而不是在"我是坏孩子"的心态中沉沦。

*1. 以公正的态度欣赏学生*

每一个孩子都渴望得到教师的关注和赞赏,教师的一次点头、一个微笑、一句表扬就如同一场知时节的好雨,赋予幼苗向上的信心和生长的力量。如果教师把欣赏的目光、成功的机会只投向个别学生的身上,那么,作为"陪衬品"、"附庸物"的绝大部分学生弥足珍贵的自尊心、自信心必然蒙受重创,对教师,对集体的情感也会随之淡化。所以,教师一定要以公正的态度看待学生。

*2. 以发现的目光欣赏学生*

"世上没有两片相同的树叶",同样,学生间的禀赋、品性也各有差异。要使学生的潜能在各自的起点上得到充分发挥,教师就必须用善于发现"美"的目光去捕捉、欣赏学生身上的闪光点。

不同的学生需要教师从不同的角度去欣赏。有时欣赏他们微小的闪光点,比喝斥显著的劣迹更有效。

就让我们以欣赏者的身份,把这股"生命的力量"馈赠给我们的学生,相信我们的眼睛里,一定会有更多惊喜的发现。

# 信任的力量——你很重要

美国的一所学校,刚刚装修的大厅安了一道门,可是自启用那天起,这道门就不停地挨学生踢。这十五六岁的少年下课的时候,手捧着足球往外冲,到了大门处伸脚就踹;放学的时候,手里拿着文件夹,背上背着书包,挤到大门处依旧用脚把门踢开……一道新门,没过多久就被踢得伤痕累累,乃至不得不撤换。学校想了很多办法制止学生踢门现象的行为,讲道理进行教育,不管用;在门上贴警示语:不要踢门,照踢不误;抓几个"肇事者"的进行现场批评教育,以"杀鸡给猴看",顶多平静一天,踢门依旧……在换了几道门之后,教务长愁眉不展地对校长说:"我看,不如换一道铁门。他们不是喜欢踢吗? 就让他们踢去,看是他们的脚结实,还是铁门结实!"校长笑了笑说:"放心吧,我已经为学生们准备了最坚固的门。"可是当校长所说的"最坚固的"的门安上之后,所有的老师都哗然:校长安装的竟然是最容易破碎的玻璃门! 所有的人都认定:此门不消片刻,必死无疑。

下课了,孩子们一如既往地冲向大门,可是奇迹出现了,当他们走到洁净透明的玻璃门前,都不约而同地停下了脚步,然后轻手轻脚地、小心翼翼地推开它,侧身出去后再轻轻关上它。

此后,每个孩子经过这道门,都是这样的一系列动作,再没有人伸出脚来开门。

校长用一道易碎门表达自己对学生的信任,而孩子们珍惜这份信任,于是本是易碎的门,反倒成了最坚固的门了。这就是信任的力量。

还是在美国。一位心理学家做过一个测验:他对一所中学一个班的学生进行了名为"预测未来发展"的测验。结束后他当场公布了他随意抽取的学生名单,说名单上的学生的未来具有最佳的发展前途。一年以后,心理学家又来到这所学校调查。结果发现,凡是名单上的学生都有很大的进步,成绩平均都大大超出出其他学生,而且个个开朗活泼,充满了自信。

这与著名的"皮格马利翁效应"如出一辙,说明的都是一个道理:这些学生在学习条件、教学方式及管理等与其他学生一样,他们之所以能取得大的进步,是因为他们认为这个权威的心理学家"相信他们具有最佳的发展前途"。这也是信任的力量。

信任,能使人产生强烈的责任感,充分挖掘潜力,释放能量。当受到信任时,他会觉得他的身后有许多人支撑着,他有不负众望之心,就不会

被任何重负压倒。

一个人发现自身的价值，往往是通过别人的信任。尤其是未成年的孩子，他们渴望得到大人的信任，希望大人"委以重任"。

如果你不重视他们，孩子还是会用种种方式去"谋求"别人的注意。有的方式是正当的，例如认真读书，为集体做好事；有的方式是不太正当的，例如扰乱课堂秩序，打架闹事，搞恶作剧等等。

信任不仅能激励人，更能教育人。

有个女孩丢了50元钱，她知道是班上一个同学拿的，回家问爸爸怎么办，要不要告诉老师是谁。爸爸说，这样不好，拿钱的女孩以后会抬不起头来。你要信任她，她会把钱还给你的。

第二天老师问起这件事，女孩大方地说："老师，我的钱找到了，是我不小心放错了地方。"

课后，拿钱的同学把钱还给了她，十分感激："谢谢你这样做。"

我佩服这位爸爸。他看重的不是50元钱，而是一个活生生的孩子。50元可以害一个人，也可以救一个人。信任可以唤回一个人的良知。

时代在进步，教育方式也在变化。许多老师在培育孩子的诚实品质方面，充分发挥了"信任"的力量。

我还曾听过一个感人的故事——"老师真有办法"：

前几天，我们班发生了一件怪事——"讲桌"偷拿了同学的钱，在大家的一通批评教育下，他不仅承认了错误，还把钱还了回来。信不信由你。

那天，李莉突然发现她装在钱包里的十元钱不见了。是谁拿走了呢？同学们纷纷议论起来。正在同学们相互猜疑的时候，一直站在前面不作声的于老师发了言。

"同学们，大家不要胡乱猜疑了，这首先是对同学的不信任、不尊重。这十元钱，我知道是谁拿的。"

教室里安静极了，大家都瞪大了眼睛。于老师叹了口气，说："这件事是我的讲桌干的,我希望同学们能对它进行批评。"

什么? 是讲桌干的? 怎么可能呢? 可是看看于老师的表情,又那么认真、严肃,真不明白于老师的宝葫芦里装了什么药。

于老师仿佛看出了大家的心思,接着说:"请同学们到前面来,告诉这张讲桌你对这件事的看法,对它进行批评教育。"

同学们面面相觑了几秒钟,开始活跃起来。你一言我一语,有的是严厉的批评指责,有的是耐心的帮助教育。

忽然,于老师拍了拍手说:"好了,批评教育先到这儿,你们看不到我看到了,讲桌已经后悔地哭了,你们快告诉它下一步该怎么办吧!"

同学们又活跃起来,有的说:"把钱偷偷地放回去,我们还会喜欢你的。"有的说:"写一个纸条向李莉道歉,她会原谅你的。"还有的说:"要不你就交给于老师吧,她一定会替你保守这个秘密的。"

最后于老师发言:"同学们,今天你们都说得特别好。我想,这张讲桌一定会吸取教训,尽快改正错误的,谢谢你们给了它一个机会,一个找回诚实、找回自尊的机会。"

你知道吗? 这张讲桌真的改正了错误,第二天李莉在书包里发现了讲桌"交"回来的十元钱,同学们都说:"咱们的于老师可真有办法!"

于老师的确很高明,她能巧妙地处理这件事,根本原因是她信任她的学生。

信任是美丽的,信任是无价的,世界因信任而精彩,教育因信任而辉煌。

让我们在信任的路上,用心开垦这一片芬芳的园地,共同创造教育的奇迹!

# 发现的力量——你就是奇迹

一个穷困潦倒的青年,流浪到巴黎,期望父亲的朋友能帮自己找一

份谋生的差事。父亲的朋友问他："数学精通吗？"青年羞涩地摇头。"历史、地理怎么样？"青年还是不好意思地摇头。"那法律呢？"青年窘迫地垂下头。"会计怎么样？"父亲的朋友接连地发问，青年都只能摇头告诉对方——自己似乎一无所长，连丝毫的优点也找不出来。"那你先把自己的住址写下来吧，我总得帮你找一份事做呀。"青年羞愧地写下了自己的住址，急忙转身要走，却被父亲的朋友一把拉住了："年轻人，你的名字写得很漂亮嘛，这就是你的优点啊，你不该只满足找一份糊口的工作。"把名字写好也算一个优点？青年在对方眼里看到了肯定的答案。数年后，青年果然写出享誉世界的经典作品。他就是家喻户晓的法国 *18* 世纪著名作家大仲马。

世间许多平凡之辈，都拥有一些诸如"能把名字写好"这类小小的优点，但由于缺乏"伯乐"而常常被忽略了，更不要说是一点点地放大它了。其实，每个平淡无奇的生命中，都蕴藏着一座丰富的金矿，只要肯发现，你会挖出令自己都惊讶不已的宝藏……

怎样去发现呢？

特级教师李镇西老师唤起"后进生"信心的故事，令很多教师感动。

他说——

苏霍姆林斯基有句名言："真正的教育是自我教育。"我想，这对"后进生"同样适用。每当我自己感到学生不听我的话时，就问自己："我的这些话，是否点燃了他心灵深处向上的愿望和信心？"无数事实证明，只有当学生自己有强烈的上进愿望和信心时，他的进步才会出现并得以持久。所以，从某种意义上讲，所谓"转化后进生"，更多的时候就是不断发现他可取的地方并设法唤起他向上的信心。

看待孩子也一样，许多优点、长处常常被埋没、被忽略。北京前门小学钱红石校长有一句名言："只要看重您的孩子，就会让蒙尘的金子闪光！"重视孩子，就是最富有力量的爱。

我去西安兵马俑参观时，导游为我们讲述了一件很有趣的事。

美国前总统克林顿参观兵马俑时，曾问：这兵马俑是谁发现的？人们告诉克林顿，是一位姓杨的老农民。他在家里挖井时，挖出一个与众不同的瓦块，感觉很不一般，就交给了当地的文物部门。经过考察，结论是这个瓦块是秦始皇时代的殉葬品——兵马俑。克林顿十分佩服这位老农民，提出想与他见见面。老农民来后，克林顿掏出一个小本子，恭恭敬敬地请老人签名。老杨头不识字，便认认真真地在上边画了三个圈。

克林顿走后，当地一位书法家教老杨头写字，只写他的名字那三个字。现在，这位老人天天在兵马俑博物馆签名售书，吸引来大批游客。

导游还告诉我，由于发掘出了兵马俑，这里昔日贫瘠的土地成了旅游胜地，中外宾客纷至沓来，络绎不绝，过去生活贫穷的农民也一天天富裕起来。当地农民中流传着一副挺有趣的对联：

上联：翻身不忘共产党

下联：幸福不忘兵马俑

横批：感谢老杨

仔细想一想，我们应该感谢老杨。他挖出一个瓦块，看到了它的不同，发现了它的价值。

我们做教师的，如果也有老杨这样一双善于发现的眼睛，孩子也会感谢我们的。

武汉市有个学习不太好的学生，上课特别爱举手，有时老师的问题还没有说完，他就把手高高举起。可叫他起来回答，他又答不上来。

老师课下跟这个同学聊天，问他原因。

"同学总笑我成绩不好，说我笨。我不服气，所以老师提问我总举手，想让大家看看，证明我不笨，可实际上我不会。"学生对老师实话实说。

老师了解了真情，表扬了他的积极性，并且跟他订下"君子协议"："以

后老师再提问的时候,如果真会回答,你举左手;如果不会,你举右手。"

老师心里有了底,以后上课就抓住这名学生举左手的机会,让他回答问题,并经常表扬他。从那以后,这个学生在学习上变得很有起色。

在一次武汉市中小学德育工作会议上,市教委主任讲完这个故事,会场上响起一片笑声和掌声。市教委主任说,老师对学生要多发现,多肯定,多赞赏,多表扬,多鼓励。

孩子天天在长大,天天在进步。老师要像哥伦布发现新大陆一样去发现他,特别要善于发现后进孩子的闪光点,让每个孩子都抬起头来走路。

# 赞美的力量——你是最棒的

没有阳光的普照,我们就无法茁壮成长。赞美就像照在人们心灵中的阳光,会使人们精神焕发;相反,尖刻的批评会使人灰心丧气,让人对未来充满了失望。因而,应该让赞美的阳光普照四方。

清代才子袁枚二三十岁就名满天下,出来做县长,赴任之前,去向老师——乾隆时的名臣尹文端辞行请训,老师问他年纪轻轻去做县长,有些什么准备? 他说什么都没有,就是准备了一百顶高帽子。老师说年轻人怎么搞这一套? 袁枚说社会上人人都喜欢戴,有几人像老师这样不要戴的,老师听了也觉得他说的有理,心里非常高兴。当袁枚出来,同学们问他与老师谈得如何? 他说已送出了一顶。

人人都需要赞美,需要被认可。大人如此,何况孩子。因此我想告诉所有关爱孩子成长的教师们。调动孩子最好的办法就是:不要吝惜给予他们赞美。

优秀教师吴永珍说过一句发人深省的话:"赞美性语言与动作带给学生的是一种快乐的动力、一种向上的自信,其奥妙就在于卸掉了压在他们心上的自卑的巨石,于是学生的潜能就像火山一样爆发了。"

　　吴永珍曾担任过青田职业技术学校老师。期间,只要发现自己的学生有进步了哪怕只是一点点,她都会竖起大拇指,对他们说:"你能行"、"你真棒"。在她的鼓励下,许许多多的学生在快乐中改变,他们尝到了在欢乐中学习的甜头。

　　吴永珍曾经教过一个双差生,名叫马小飞,长得方头大耳,又胖又黑。他对学校的日常行为规范的要求全不加理会,迟到、穿拖鞋等是他的家常便饭,以致一班一直没有成为学校的优秀团队。

　　吴永珍当然要找马小飞谈话。

　　但马小飞一进办公室,就摆出一副"死猪不怕开水烫"的样子,等着挨批。

　　吴永珍微笑着对他说:"马小飞,坐下来,我有话对你说。"

　　马小飞一脸疑惑地坐了下来。

　　吴永珍说:"我是新来的,对一班还不了解。请你告诉我,你身上有什么优点?"

　　"优点?我哪有优点,我身上全是缺点。"马小飞仍旧大大咧咧。

　　"怎么会呢?我觉得你身上的优点挺多的:值日生詹妮个子矮,你就帮她擦黑板;大扫除时,你一人提的水比两个同学一起抬的还多⋯⋯"吴永珍把开学以来在马小飞身上寻找到的闪光点,都一一讲了出来。

　　听着听着,马小飞的眼神从疑惑变为感动,最后竟然哭了起来:"老师,我以为你一定也很讨厌我⋯⋯"

　　原来,马小飞因为成绩不好,长得又胖,一些同学便给他起绰号,比如大笨猪等,马小飞因此而产生了逆反心理,甚至有时故意违反纪律,使一班不能成为优秀团队,以求得报复后的快感。

　　面对马小飞的坦白述说,吴永珍叹了一口气,道:"马小飞,你确实犯了错,而且很严重。但是,此时此刻,我依然要祝贺你,同时也祝贺我。"

　　马小飞吃惊地看着吴永珍,不明白老师葫芦里卖什么药。

　　吴永珍道:"首先,我感谢你对我的坦白,这说明你已经很信任我,

我在你心中的形象还不算特别坏；其次，你已经意识到了自己的错。这就是我要祝贺的原因。"

马小飞再次泪流满面。

吴永珍道："男子汉，不要哭。你看你看，你有这么多优点，还怕改不了几个坏毛病么？马小飞，你抬起头，告诉我，你是个勇敢的人，对不对？"

马小飞望着吴永珍恳切的眼睛，不由自主地点了点头。

当马小飞要离开办公室的时候，突然又回过头来："老师，我这么笨，从来没有人喜欢过我，你为什么要这么夸奖我呢？"

吴永珍笑了："因为你根本就不笨，你本来就是个很聪明的人。只是大家还看不到你的优点。"

接下来的事情，不用我介绍，大家可能早就猜着了：马小飞成了一个受欢迎的人。

类似于马小飞此种事情，并不是个例外。吴永珍是个公平的人，她对所有的学生都是一视同仁的，她看他们的时候，眼睛里总是流露出爱的光芒。

射俊是吴永珍班上另一个有名的调皮鬼，经常惹是生非，上课爱捣乱，作业也经常不做，以致其他学生都拒绝与他交往。

有一次，班内举行扳手比赛，个儿最小的射俊却获得了全班第一名。

吴永珍抓住这一时机，及时肯定了射俊积极参加活动且敢于拼搏的精神，并委婉地说道："射俊，如果你学习上也有这股劲，那肯定更加了不起。"

从未受过表扬、自暴自弃的射俊第一次得到了老师的赞美，脸蛋红得像块朝霞，心里却美得像喝了蜜。

此后，射俊的表现竟有些出人意料：作业端正且能及时完成，成绩不断进步。同学们一致评射俊为"最具进步力之星"，并在吴永珍的提议下，推选他当体育委员。

成了学生干部的射俊，学习成绩直线上升，再也不是原来的差生模样了。

赞美的本质是让每个学生都找到好学生的感觉,赞美的目标是让每个学生享受到自信的快乐。

老师如果能用敏锐的目光及时捕捉学生身上的闪光点,用赞美性的话语给予鼓励、肯定,就会使优秀的学生百尺竿头更进一步,表现一般的学生奋发进取,后进的学生"重新做人",后来居上。

所以,教师应该做到:

第一,当学生正处于低谷时,我们必须尝试去赞美他。

从心理学的角度讲,每个人都需要善意的赞美。善意的赞美实际上是一种投入少收益大的感情投资,是一种驱使人奋发向上、锐意进取的动力源泉。

较之优秀生,后进生更需要教师的赞美、鼓励。因为他们由于长期受歧视、遭冷落,一般都很脆弱,对外界极敏感,对他人心存戒备,看起来好像缺乏自尊心,实际上他们的内心深处极渴望老师的理解、信任,他们仍然十分在乎老师对他们的评价,尤其是身上毛病多的学生,有的教师对该生的批评也经常是攻击一点还及其余,挖苦、讽刺、揭伤疤,严重刺伤了他们的自尊心、增加了教育转化的难度,甚至造成严重的教育失误。

第二,设专栏的赞美方法。

长沙县星沙中学的沈旗和马文林两位教师曾经尝试过这种方法,效果非常不错。

他们在班级后墙的黑板上设一个"一鸣惊人"的专栏,让每一个同学都有可能"一举成名"——也许是因为学习刻苦了,成绩进步了,也许是卫生工作特别认真,也许是因为为困难的同学捐资助学数额最大……这种形式的表扬不但对被表扬者是一个激励,而且对增进同学之间的了解和友谊,建设一个积极向上的班集体都极有好处。

第三,拟批语的赞美方法。

在批改作业时,除了打上等级之外,还可以根据学生的作业情况写上"工整"、"字写得太漂亮了"、"有创造性"等批语。这样的批语使学生获得一种成就感,能有效地调动学生的积极性和创造欲,从而提高了

学习效率。

除此之外,老师还可以通过每期给学生写两封信(可以是评语)的形式,对学生进行赞扬。

但赞扬的时候一定要具体、适度。如讲"你最近表现不错"。就不如说"你最近在学习英语方面用功多了,书写工整,课后积极向同学和老师请教"更有效果。又如,讲"你是年级里最好的学生"这样的表扬,对被表扬者来说,容易形成以自我为中心的人格特征,不利于被表扬者的正常发展。

第四,送"喜报"的赞美方法。

可准备印制精美的"喜报"数张。当学生在某一方面表现突出或取得进步时,他的家长就可得到教师亲自填写的"喜报"。这种"喜报"价值不大,作用可不小。它不仅能强化学生的优点,更能沟通学生、老师、家长之间的感情,有助于强大的教育合力形成,可谓一举多得。

赞美是种胸怀,是一门艺术,是一种能力。只要老师们恰如其分地运用好它,工作就一定会更加出色。

老师只有学会赞美自己的学生,才能走进学生的心灵,才能培养出绚丽的花朵!

# 表扬的力量——有进步就好

有这样一句话:"不是聪明的学生常受表扬,而是表扬会使学生更聪明。"

的确,老师及时而适度的表扬往往是促进学生转变和前进的催化剂,它会使学生尽力将事情做得更好,更重要的是使学生自此树立起了自信心和责任心。

许多人都知道爱因斯坦小时候的一个故事。

爱因斯坦在上小学时,老师让学生交一件手工作业。爱因斯坦把一只又笨拙又简陋的小板凳交给了老师。老师看后很不满意,爱因斯坦又从身后拿出了两只更为丑陋的小板凳,对老师说:"老师,这是我第一次和第二次做的,交给您的是我第三次做的。它虽然不好,但是比这两只要强一些。"这则小故事感动着每一个教育工作者,一位叫赵红的老师在教育工作中也遇到了同样的事例。

又是星期五,又到了作业评比的日子了,我照例认真地检查着每个作业本。还别说,自从开展作业评比活动以来,同学们的作业质量有了很大提高,不论是作业的书写还是计算的准确性都有很大进步,可以看出每个同学都使足了劲,都要争取最佳作业。看着这一本本工整、准确的作业,我心里美滋滋的。突然,一本字迹潦草、格式也不对的作业映入我的眼帘。顿时,我的内心深处升起一丝不满,这是谁的作业? 竟然写成这样! 我随手在这个作业本上写下:"作业太乱!"四个大字。但带着一份好奇、带着一股怨气,我翻开这本作业的封面"王林",一个小小的、虎头虎脑的男孩子的形象立即展现在我的眼前。王林,一个顽皮好动的孩子,课堂上总是管不住自己,经常溜号、不注意听讲,对学习总是一种漫不经心的态度。上学期数学作业经常邋里邋遢交不上来,期末总复习时他在家长的监督和老师的辅导下,期末数学成绩虽然及格了,但在班级中还是唯一的一个"及格"。虽然已经是五年级的学生了,但在我的心里他就是一个永远也长不大的,"幼儿园大班"。我下意识地翻了翻他作业本中前面的作业,虽然字迹潦草,虽然计算有错误,可是从开学到现在的作业一篇也不少。我的心,渐渐地温暖起来,并有了一种说不出的感动。我马上把"作业太乱"这四个字勾去,而且勾抹得特别细致,我真怕孩子认出这四个字。怎样对待这本作业? 我心里已经有了主意。

作业展示的时刻到了。出乎大多数同学的意外,我第一个展示的作业就是王林的作业。不明事理的孩子还以为我要批评这本作业,嘻嘻哈哈地嘲笑起来。我看到王林红着小脸低下了头。等学生笑过,我很严肃地说:"我要表扬这本作业,因为这本作业让我很感动,我从这本作业中看到了一个孩子的努力和坚持不懈。"此时教室里安静极了,王林抬起头看着我，眼里充满了疑惑。我大声地点着他的名，并带头鼓起了掌。请他介绍能写出最满意作业的经验，他很难为情地向大家解释："我的字有大有小写得不好看，我先后写了五遍，这一张还算工整，我最满意了。"台下一片掌声。

看着王林的作业，我不禁想起了爱因斯坦《三只小板凳》的故事。王林有自己最满意的作业，爱因斯坦有自己最满意的小板凳，他们的可贵之处就在于拥有自信、勇气。孩子们需要的就是这样的自信和勇气，老师应该鼓励他们去挑选自己认为最满意的作业，让他们在一次次"最满意的"体验中不断进取，勇敢地去摘取成功的甜果！

为什么有些孩子总觉得自己比别人矮一头，是班级里的差学生，总也抬不起头？这常常和我们老师不能正确地看待学生，不能恰当地评价学生有很大关系。

王林的作业"字迹潦草、格式也不对"，却让老师"很感动"，当着全班同学给予表扬，并带头鼓掌。为什么？那是因为王林以前经常不交作业，顽皮好动，溜号不听讲，是上学期全班数学成绩最低的学生。而这学期作业一篇也不少。和别人比，他仍然最差，但和自己比，他进步了。进步是应该受表扬的。赵老师的这个表扬不但对王林是正确的、及时的，对全班同学也是一个极好的引领。王林从老师的评价中受到鼓舞，增强了自信和勇气；同学们从中领悟到了应该如何对待一个虽然还有很多缺点，但正在努力上进的伙伴。

有些教师评价孩子总好"横着比"，常常把孩子比得一无是处，越比越使孩子感到自卑。这是不利于孩子成长的。我们应该用发展的眼光，全面地看，尤其要注意孩子细微的进步和微弱的亮点，及时给予表扬，帮助孩子树立前进的信心。

作为一名优秀的教师，在表扬学生进步的同时，我们不应忘记：

首先，把学生带进知识海洋的"法宝"，不是苦口婆心的"教导"，而是给予热诚的表扬和鼓励！

表扬作为教育教学过程中激励学生不可缺少的手段和方法，有时会

取得事倍功半的效果。

老师要搞好教学工作，必须要善于发现每一位学生身上的闪光点，了解他们的每一点细微的进步，把表扬作为教育教学的一个巨大的魔法。

作为老师要在细微之处见真谛，善于在平凡中找出不平凡，要通过表扬走进学生内心世界，从信任、尊重、激励、热爱生命、善待生命的高度发现开挖掘学生潜能。

其次，曾有人认为表扬学生不过是给学生戴戴"高帽"，好话多说点不会错。其实，只有恰当而准确的表扬才能使学生明确自己的长处和优点，激起学生的进取心和荣誉感，使大家产生一种羡慕、向往的心理，从而树立良好的风气。

相反，那些信口开河、随心所欲的表扬，有时不仅起不到鼓舞激励的作用，反而会使老师威信下降。

而如果表扬的时机抓得不准，也会使一些处于自负、骄傲心理状态的学生自以为是。

因而，教师一定要明确表扬并不是一种教育过程的结束，而是一种教育过程的新起点，不要为表扬而表扬，应预想到表扬的客观效果。

我们要根据学生的不同特点，抓准表扬学生的时机，运用恰当的表扬方式，讲究表扬的效果，使表扬真正起到鼓励先进、促进后进、树立良好风气的作用。

法国教育家卢梭曾经指出："表扬学生微小的进步，要比嘲笑其显著的恶迹高明的多。"

对于学生来说，表扬无异于小树苗成长过程中的阳光和雨露，尤其是对于有缺点和错误的学生，表扬会使其原有的一点优点越变越大，缺点越变越小，师生之间的关系也越来越融洽。

"赠人以言，重于珠宝"，当老师真诚的表扬流淌到学生的心田时，也许在你面前站着的便不再是丑小鸭，而是正欲展翅的白天鹅。

# 第二章

# 树立良好的教师形象

# 讲究仪表，让人气宇轩昂

高老师是小方上初中二年级时的语文老师,小方认为高老师是他心目中的第二位良师。

高老师现在应该是八旬老人了。高老师曾经因为一项"右派"的帽子在农村劳动多年,满头青丝变为白发。老师的头发永远整齐,衣履永远洁净,谈吐文雅,表情淡泊,周身洋溢着学者的气韵。当时的小方生性顽皮,懵懂中不知被多少老师骂过罚过,他已记不得了。但只要看见高老师,小方都会收起玩性,努力变得文雅起来。是老师让小方等孩子看到了完美的人性所应有的光芒。

或许高老师不知道自己对一个孩子产生的巨大影响,小方认为高老师决定了他一生中在心灵上对高尚和完美的追求。

不可否认,高老师之所以如此吸引人,与他讲究仪表有很大关系。因此,要想成为一个最受欢迎的老师,讲究仪表仪容是必不可少的。

仪表,是指一个人的外在表象,由容貌发型、服饰构成。人的仪表可以反映出一个人的精神状态和礼仪素养,左右着人们交往的"第一印象",对于社交的成功和事业的顺利均有较大的影响。

人对于自身仪表乃至服饰的讲究,是人为适应社会而对自身的适度包装。这样的行为是无可厚非的,作为教师也应当如此。因为包装是人对自己内在美和外在美的追求,是让别人更多地了解和欣赏自己,从而更好地实现教学目的的一种积极手段。

在一定的社会条件下,人们总是自觉或不自觉地对一个人的仪表形成一种共有的审美观点,这就是人们对仪表的审美标准。有了这些标准,我们就可以对自己进行必要的修饰。

一般说来,修饰主要包括以下一些内容:

### 一、头发修饰

头发位于人体的"制高点",也是被注视的重点。因此,修饰仪表也得从头发做起。

#### (一)保持头发日常整洁

要保持头发的整洁,一要勤于清洗,二要勤于修剪,三要勤于梳理,特别是在出门之前,换装和摘帽之后,要自觉梳理,但不宜当众梳理。

#### (二)头发长短要男女有别,适中为度

男士一般以短发为主,前发不覆额,侧发不掩双耳,后发不及衣领,最好不留大鬓角,也不宜剃光头。人们最不喜欢的就是那种不男不女的"二混头"。

女士以长发为主,但也应视身高、年龄、职业而异。女士头发的长度应与身高成正比,也要与年龄相适应。如一头飘逸披肩的秀发,在少女头上有如青春的护照,而出现在老年妇女头上,则令人发笑。

#### (三)依据自己的特点慎选发型

发型,在一定程度上是时代的留影,也历来是人们审美趣味的中心。它既是保护和美化头部的能动因素,又是修饰面部审美格调的"重彩"。选择发型,总的原则是男性应讲究阳刚之美;女性则崇尚阴柔之美。

*1. 选择发型应与自己的体态、年龄相匹配*

一般来说,苗条的姑娘,宜选择较长的发型,如果发型过短,就更显瘦长;体型矮胖的人,则以较短的发型为佳。少女选择发型较为自由,但不宜梳理复杂发型,以便突出自然风韵之美;青年妇女忌过分摩登,以维护纯情姿态;中年妇女不宜留长发,以强调丽质端庄。颈部短的人,最好留短发或把头发梳成向上的发型;颈部缺陷明显者,可留长发遮盖。

*2. 选择发型应与自己的身份、工作性质和周围环境相适应*

不同的职业及不同身份的人,应有不同的发型。作为一名教师,则应选择朴素端庄的发式,以示教师的庄重典雅。不能只顾自己的好恶而不考虑外界的其他各种因素。

### 3. 选择发型应与自己的脸型相协调

发型与脸型关系特别密切。人的脸型有长、方、圆、尖、凹、鼓、凸等。发型的好坏,关键在于对人的脸型是否合适,如鹅蛋脸更适合采用中分头路、左右均衡的发型,可增强端庄的美感。圆脸型应避免后掠式或齐耳的内卷式,可采用轻柔的大波浪,将头发分层削剪,使两颊旁的头发贴紧,使之盖住脸颊;或将头前部和顶部的头发吹高,给人以蓬松感。方脸型人要尽量用发型缩小脸部的宽度,颊两侧的头发要尽量垂直,以产生紧凑服帖感,使头部形态显得清秀一些。长方脸型额头较高的,可把头发梳平些,刘海稍长,齐眉或将眉盖住,以减短脸型的长度。菱形脸可用蓬松的刘海遮盖额部,使额角显宽一些,两颊宜用垂直发,腮两侧尽量用大波卷使尖削的下巴柔和些。心形脸不宜留短发,前顶部的头发不宜吹高,要让头发紧贴头顶和太阳穴部位,以减小额角的宽度。下宽上窄脸头前部的头发应向左、右两侧展开,以表现额部的宽度。总之,选择发型,应根据自己的特点,扬长避短显美藏拙,而不要生搬硬套。

### (四)美发要自然得体

美发通常包括护发、烫发、染发和佩戴假发、发饰、帽子等。不论采用哪种方法,都要注意美观大方,自然得体。如果作为教师,你是一位秀发如云的少女,一定要追赶时髦,染成"黄毛丫头",就往往会丧失其青春活泼之姿,结果"染"出俗气。

## 二、面部修饰

一个人的仪容,最主要的是包括五官在内的整个脸部,它是人的仪表之首,是人际交往中为他人所注意的重点。美国有一句谚语说:"当你同别人打交道时,他注意你的面部很正常。可他要是过多地去打量你身体上的其他部位,那就有一些不正常了。"面部修饰的重点在眼部、口部、鼻部和耳部,通过修饰,应使之整洁、卫生、简约、端庄。

### (一)眼部修饰

要经常保持眼部的清洁。注意用眼卫生,预防眼病;一旦患有眼病,要认真治疗,并自觉减少与他人接触。

注意眼镜的佩戴。时下,人们为了矫正视力、保护眼睛或追求时尚,常常会佩戴一副眼镜。从社交礼仪的角度讲,人们佩戴眼镜,一要注意眼镜的质量、度数、款式是否适合于本人;二要注意保持眼镜的清洁,经常擦拭和清洗;三要注意佩戴墨镜(太阳镜)的礼规。墨镜主要适合人们在室外活动佩戴,以防紫外线损害眼睛;但在讲课或进入别人写字间、居室,则应及时摘下。

注意修眉。眉毛的形状是容貌的重要组成部分,它能表现人的个性,对人的脸型也起相当的作用。我们不提倡教师纹眉,但可进行必要的修剪。精心修剪的眉毛让整个脸部显得平衡、清晰。

(二)口部修饰

口部除了口腔之外,还包括它的周边地带。口部修饰首要之务是注意口腔卫生,坚持刷牙,防止产生异味。从卫生保健角度讲,刷牙最好做到"三个三",即每天刷三次,每次刷牙宜在饭后三分钟进行,每次刷牙用时三分钟。保持口腔清洁,当然也是自尊尊人的表现。

上课前应禁食容易产生异味的食物,如葱、蒜、韭菜、虾酱、腐乳及烈酒等,也不要吸烟。必要时可含茶叶、口香液以除异味。

剃须,修整边幅。男教师最好坚持每天剃须,这样既令自己显得精明强干,又充满阳刚之气。如果"胡子拉碴"与人交往,往往印象不佳。

护唇,即呵护自己的嘴唇,防止嘴唇开裂、暴皮或生疮,还应避免唇边残留分泌物或其他异物。

(三)鼻部修饰

修饰鼻部重在保养,鼻上及其周围若是生疮、暴皮、生出"黑头",则影响美观。鼻部是面部的敏感区,保养的正确方法是不要乱挤、乱抠。

清理鼻垢。清理鼻垢,应回避他人,不要当众擤鼻涕,挖鼻孔,或者乱抹、乱弹鼻垢。清理鼻垢宜用纸巾或手帕悄然进行。同时,要注意及时修剪鼻毛。

(四)耳部、颈部修饰

修饰耳部主要是及时清除耳垢和修剪耳毛。

颈部是人体最易显现年龄的部位,因此在进行眼、嘴、鼻、耳修饰的同时,也要同修饰脸部一样修饰脖颈,保持颈部皮肤的清洁,并加强颈部的运动与营养按摩,会使颈部皮肤绷紧,光洁动人。颈部的营养按摩一般从 20～25 岁开始为宜,如果年龄增大,皮肤衰老,待出现皱纹以后再寻找消除妙法,恐怕会事倍功半。因此,宜尽早护理,才能延缓衰老。

### 三、薄施妆粉

"美得自然"是化妆美容的精髓。这里说的美容是"修饰"而不是"改造"手术。一个人的容貌,很大成分是人的学识、修养、心理等综合因素的外溢。倘若你具有高尚的品格和修养,有丰富的学识,健康的心态,那么,你的举止仪表就能让人体会到美感。当然,在人际交往中,成年人特别是成年女性进行适度的化妆还是必要的。正如一副对联所云:"十分容颜,五分造化,五分妆成;两颊品貌,一半生成,一半饰成。"适度的化妆,这是自尊与尊人的表现。作为教师化妆应以淡雅、庄重、自然、协调为宜。

#### (一)化妆应遵循的原则

*1. 化妆应与皮肤、年龄相适应*

皮肤有干性皮肤、油性皮肤和混合性皮肤之别,还有不同肤色之分,因而保养、化妆的方法亦有所不同。有些女性教师皮肤白皙柔泽,富于丽质之美,自然生出迷人之色,就不必再施珠粉,否则,易患"妖艳"之弊。有的女性教师皮肤呈黧黑色,显得红光满面,就无须枉费增白之力,不如饰得唇红齿白,以收健美鲜活之效。

不同年龄的女士应采用不同的化妆方法。如年轻的女性适于用清淡的化妆法。过厚的底色,过于浓重的眼影、腮红和唇色,会使少女失去应有的纯真和自然,淡雅的化妆却能保持少女的青春气息。中年女性的皮肤不如少女的柔嫩光洁,眼角等处也出现了细细的皱纹。适度的浓妆,对中年女性比较相宜。老年女性应使用乳液状化妆品来滋润皮肤,而绝对避免扑粉。为使皮肤保持一致,涂底色时要抹至喉咙或颈脖处。眼睑处的皱纹,可用乳状眼影膏或柔软的眼线笔加以掩饰。单纯光亮的口红会使中年女性的上唇皱纹更明显,而选用带珍珠色系列的口红,可以丰润嘴唇,使之富于光泽和显得年轻。

2. 化妆的浓淡要与时间、场合相协调

化妆不仅应随季节的变换而变化,而且白天和晚上亦有所不同。白天,在自然光下,一般女士略施粉黛即可;女教师的工作妆也应以淡雅、清新、自然为宜。参加晚间娱乐活动的女士则宜着浓妆。处于不同场合,化妆亦有不同。大体说来,生活妆宜淡。清淡的生活妆,能给人友好、热情、开朗、健美的好印象,是增进与家人、邻居、同事以及上下左右情感的催化剂。因此,清淡的生活妆应持之以恒。

社交妆宜雅。不论是上课、出差公干,还是走访亲友、赴约聚会、旅游度假,化妆均应"雅"。用优雅的淡妆,与得体的着装、成熟的风韵、渊博的知识交相辉映,烘托出高雅的气质。切忌擦得像"红脸关公"、"白脸曹操",或打扮得花枝招展像大花旦。须知"加厚面部包装"有失自尊也有失礼仪,令人不敢恭维,所以出入公共场合时忌用浓香型化妆品。

(二)提倡积极化妆

人的面部皮肤是很娇嫩的,任何化妆品都会使皮肤受到不同程度的损伤,加速皮肤的老化。所以化过妆后,睡眠时要及时卸妆,让皮肤自由呼吸。化妆虽然能增添几分妩媚,但化妆无法从本质上真正改变容颜,至多只能起到遮掩缺陷的作用,因此,我们把化妆称作消极美容。要想使红颜不衰,永葆花容月貌,惟一正确的便是采取体内调养的积极美容法。具体地说,第一,在日常生活中,适当参加户外体育活动,促进表皮细胞的繁殖,使表皮形成一层抵御有害物质的天然屏障。第二,保持良好的心境,"人逢喜事精神爽",说明人的心理状态对容颜影响之大。瑞士最权威的心理研究机构 CNS 中心发现,精神压力可导致内分泌紊乱,出现持久的心身功能失调,以致皮肤衰老。所以特里斯教授根据这一发现,推出了一系列行之有效的精神美容方法。第三,充足的睡眠,有助于面部皮肤的新陈代谢,使面容富有光泽。第四,注意合理的饮食,从内部给予皮肤营养。如多饮水,多补充蛋白质,多吃水果、蔬菜、豆制品、动物肝脏、肾脏及紫菜等富含维生素 A、B、C、E 的食品,少吃高糖、高脂、辛辣

的食物,对皮肤的健美都是有好处的。第五,坚持科学的面部护理与按摩,促进血液循环,以使面容红润。

台湾作家林清玄在《生命的化妆》一文中说:"化妆的最高境界可以用两个字形容,就是'自然'。最高明的化妆术,是经过非常考究的化妆,让人家看起来好像没有化过妆一样,并且这化出来的妆与主人身份匹配,能自然表现那个人的个性与气质。次级的化妆是把人突现出来,让她醒目,引起众人的注意。拙劣的化妆是一站出来别人就发现她化了浓浓的妆,而这层是为了掩盖自己的缺点或年龄的。最坏的一种化妆,是化过妆以后扭曲了自己的个性,又失去了五官的谐调。"他说,生活中的"化妆只是最末的一个枝节,它能改变的事实很少。深一层的化妆是改变体质,让一个人改变生活方式、睡眠充足、注意运动与营养,这样她的皮肤改善、精神充足,比化妆有效得多。再深一层的化妆是改变气质,多读书、多欣赏艺术、多思考,对生命有信心、心地善良、关怀别人、自爱而有尊严,这样的人就是不化妆也丑不到哪里去。脸上的化妆只是化妆最后的一件小事。我用三句简单的话来说明,三流的化妆是脸上的化妆,二流的化妆是精神的化妆,一流的化妆是生命的化妆。"这一段富有哲理的话很值得回味,实际上,微笑的表情,人格的魅力,讲求礼仪的言谈举止是所有人,更是女士们,尤其女性教师最好的化妆品,最佳的美容术。

### (三)化妆礼规与禁忌

*1.* 勿当众化妆

化妆属个人私事,只能在无人在场的情况下悄然进行。修饰避人,这是一条重要的礼仪原则。所谓修饰避人,是指维护仪容仪表的全部工作应在"幕后"进行。如在公共场合或教室内化妆,会显得缺乏教养,是既不自尊也不尊人的表现,有时还会招惹是非,甚至有辱自身。也不要在异性面前化妆,以免发生搔首弄姿、吸引异性之嫌,使自己形象失色。

*2.* 勿残妆示人

化妆要有始有终,维护妆面的完整性。为此,化妆后要常做检查,特别是在休息、用餐、饮水、出汗、更衣之后,要及时自察妆容;发现妆面残缺,要及时抽身补妆,切莫以残妆示人;补妆时也应回避他人,而且补妆方法要得当,重在补妆容残缺之处。

*3. 勿离奇古怪*

化妆应与自己的教师身份、精神面貌相协调,有助于塑造和维护良好的个人形象以至于单位的形象。绝不应以离奇出众、有意脱离自己的角色定位,而专门追求荒诞、怪异、神秘的妆容,或者有意让自己的化妆出格,而产生令人咋舌的效果。这样的妆容不宜提倡,因为它有损教师的形象。

# 干净利落,让人耳目一新

穿得干净利落,注意个人卫生,能显示一个人的修养、情操和品行,也能让人耳目一新,提升别人对你的好感度,所以不能等闲视之。

有的人不爱修边幅,而且给自己找了一个冠冕堂皇的理由:成大事者不拘小节。其实更多的时候,大多数的人并不认同这一点。

小李老师很年轻,但很"健忘",学生们私下里都叫他"李健忘"。

这天,天气很热,下午有李老师的课。午休后,李老师跟着拖鞋,顶着鸡窝似的头发,脸上白一块黑一块的进教室了,同学们没有惊诧,因为他们知道李老师"忘"了洗脸、刷牙、梳头了,这已经成习惯了。

李老师当然也穿皮鞋,但你永远也看不出他的皮鞋是黑色的、棕色的还是白色的,因为李老师经常"忘"记将鞋上的灰擦掉。

而且,有时李老师的身上还有一股"怪味"……

像小李老师这样的人,在学生的受欢迎程度可想而知。

教师的个人卫生反映着教师的精神面貌,将直接影响着他在学生心目中的形象。教师应有良好的卫生习惯,如经常洗澡、修剪指甲、理发、

换衣等,上课前也应梳理头发、整理衣服等。养成一个良好的生活习惯,既能促进身心健康,又可以给学生树立一个好的榜样。

### 一、教师的清洁

教师的清洁,就是要在日常生活中注意健康,防止疾病,善待和爱护自己的仪容,使之尽可能地整整齐齐、清爽干净,绝不准杂乱无章、邋邋遢遢。注意清洁并非仅是一句空话,而是要在许多方面采取措施来保障的。具体而言:定期理发,最好半个月理发一次。时时把头发梳理得井然有序、整整齐齐,绝对不允许蓬乱不堪。另外,体味、口气、太浓的香水都是令人反感的。因此,需随身备有口香糖以便随时清除口气。不要喷过浓的香水,因为有不少人对香味过敏,如果他们闻到太刺鼻的香味就会避而远之,在课堂上又会影响学生听课的效果。

### 二、教师的面容

教师特殊的职业特点决定教师要养成多洗脸的良好习惯。

不仅早上起床之后、晚上就寝之前要洗脸,午休之后、劳动之后、外出碰上刮风下雨之后也要洗脸。坚持以正确的方法勤洗脸,可以促使面部皮肤进行良好的血液循环和新陈代谢,使人精神焕发,充满朝气,而且能够有效地清除滞留于面部的灰尘(粉笔灰)、污垢、汗渍、泪痕,使人显得清清爽爽。不可像猫咪洗脸一样,三下五除二就完事了,脖梗、耳朵却依旧"原封未动"。那些地方一样会为他人所注意,是"冷落"不得的。脸上生了疱疹、疖子,要立即去看医生,并遵照医嘱进行治疗。不要听之任之,或是乱挤、乱抠,弄得脸上伤痕累累,十分难看。

### 三、教师的头发

教师的头发整洁,具体也是有所指的。它要求教师不论留什么发型,都不能使自己披头散发,蓬乱不堪。最好的办法是在自己剪好头发或洗完头发后,用发胶或摩丝立即固定好发型,使其线条清晰,纹丝不乱。不论是男性,还是女性,作为教师都不准煞费心机地在自己头发上搞花样。比如,不准留大鬓角。不准剃"阴阳头"。更不准在发型上没男没女,让人"难辨性别"。留什么发型,得考虑年龄与脸型等特点。

女式发型要比男式复杂些。一般来讲,中年女教师以直发类的弧式和平直式较好,这既符合中年教师成熟的气质,也显得端庄、素雅。矮胖、圆脸的青年女教师则以发辫为较佳,它不仅可使体型显得修长而弥补矮胖的不足,更具有东方青年女子的传统美。瘦长、脸窄的青年女教师不妨选择卷发式,它可使面部和颈部显得丰满,且又"飞云不散",雅致大方。

头发是一种自然的物质,经人很好地清洗、梳理,能给人以美的效果。良好的发型可使人仪表端庄,显得彬彬有礼。蓬头散发不只是对自己不尊重,也是对别人不礼貌。头发处于人体的"制高点",其干净、整洁与否往往是他人一目了然的,而且也是他人的视线最先注意的地方。作为教师,应当像重视自己的服饰一样,对自己头发的干净与整洁给予高度的重视。所谓头发的干净,是要求人们养成周期性洗头的好习惯,通过定期勤洗头发,使之无异味、无异物。在一般情况下,至少要做到三天洗一次头发。倘若自己是油性头发,则应当两天左右洗一次。遇上某些特殊的情况,如刮大风、出汗等等,应当随时洗头,而不必拘泥于"定期"。参加一些比较正式的活动,尤其是参加自己有可能成为众人所注意的"焦点"的活动之前,最好专门洗理一次头发,使之不给自己添烦加乱。体育教师、爱出汗的教师,每天都应在上班之前特意检查一下自己的头发有没有怪味。要是自己站立于学生或他人中间,头发散发出一股怪味,对自己形象无异于是一次"重创"。爱掉头发的人、头屑过多的人,每次出门之前都要对自己的头发加以精心的检查与梳理,并且要把头顶上、脸上、衣服上、眼镜上,特别是肩背上从头上散落下来的落发、头屑认真地清理干净。不然就会给人以极其不洁的感觉。对灰尘、树叶、草梗之类飘落在头发上的东西,也要加以防范。

**四、教师的手**

除了面部之外,每个人的手部都是为他人所关注的另一个部位。教师的双手堪称是自己的"第二张名片"。它们在他人及学生的眼中,同样扮演着与普通名片一样的、为您进行自我介绍的角色。在这个意义上来讲,对自己的双手亦应倍加关照。手部需要注意之处,总的说来并不太多,干净仍然是对它的基本要求。教师要自觉地经常洗手,尤其是去过洗手间、外出归来和接触了脏东西之后,更不要忘记洗手。对自己的手还要多加保护。如果自己的双手粗糙、红肿、皲裂、蜕皮,并不等于自己操劳过度,而只能说明自己又懒又脏。在教学之中,教师的双手用得最多,所以要努力使之给别人留下好印象。要做到这一点需要:

(1)常洗手。在每个人身上,手是与外界进行直接接触最多的一个部位,教师就更是突出,所以非得勤洗不可。洗手,不应只是在饭前、便后,而且应当是在一切有必要的时候(尤其是下课后)。

(2)不要刻意蓄留长指甲。在修剪手指甲时,总的要求是忌长,并且要求经常地对它进行修剪。但是,这并不等于要求在修剪手指甲时花样翻新,要把自己的手指甲样子修得怪怪的,有意让它与众不同。对女教师而言,留长指甲非但毫无美感和实际用处,而且也极不卫生。即使您的长指甲沟"白白净净",从卫生的角度来讲,它也是"藏污纳垢"之处。要经常修剪自己的指甲,最长不要让它长过自己的手指尖,绝不可以用牙齿去直接啃自己的指甲,也不要当众剪指甲。

(3)要及时地除去指甲沟附近的"暴皮"。它们实质上是手部接触脏东西之后的产物,因此让别人看到了绝无光彩可言。去除"暴皮",要用剪子或指甲刀,不要用手去撕扯,搞得自己的指甲沟附近伤痕累累。

(4)不要把指甲涂得大红大紫。对教师而言,要求其整体形象优雅含蓄,涂抹彩色指甲油是不允许的。当然,要是为了保护指甲而使用无色的指甲油,则该当别论。

总之,对于教师的个人卫生要求,每个教师做到"四不":不随地吐痰,不乱倒污物,不随处吸烟,上班不佩戴夸张首饰。穿着打扮大方得体、言谈举止文明高雅;办公室布置整洁美观、办公用品摆放整齐。

# 穿戴得体，符合教师工作形象

穿着得体，自然是指要切合自己的身份及所处的环境，穿什么衣服，必须因时因地因人而有所不同，如果搞错就会被人看轻。上班时应穿着便于工作、与工作环境协调的服装，千万不能穿与众不同的奇装异服。工作场所就是工作场所，不是开时装发布会。

小姚师专毕业后来到某中学当老师。小姚在读书时有学校"服装一枝花"的"美称"，工作后，在单位依然领导着服装新潮流。

小姚担任班主任，不管有课无课，每天必须到班里巡视。她几乎每天一身新衣服，一个学期几乎没重样过。街上流行紧身衣，小姚买来一件就套在身上；街上流行的红裙子，不管有否配套上装，不管是否适合自己，买来就穿上；街上流行低胸上衣，小姚也没有落伍……总之，流行什么就穿什么，久而久之，每到早上，她带的班的学生就在下面嘀咕：今天老师会穿什么呢？有时，别的班的学生也会问：今天你们老师又穿什么衣服了？

穿时髦衣服，脸上也应该涂得漂亮一点。只要你看到她，不管她穿的是什么衣服，她总是红红的嘴唇。蓝色的眼窝，眉毛又粗又黑又长，……

有人说：不知道流行什么，就都看小姚吧，不用去街上看……。有人说：化妆？去找小姚吧……

教师该如何着装，一直是大家比较关心的话题。教师工作在"团结、紧张、严肃、活泼"的校园，特别是中小学教师，他们面对的是天真活泼、充满求知欲的青少年。教师的一言一行对学生都起着潜移默化的作用。服装是无声的语言，教师的着装对学生有着极大的影响。如前面说

的小姚,衣服过于时髦,对于模仿力极强的中学生会起到什么作用呢?

那教师到底该如何着装呢?

下面再介绍一些有用的建议。

## 一、遵从服饰穿戴的原则

### (一)整洁原则

着装不一定追求高档时髦,但要庄重整洁,避免邋遢。整洁原则的要求:一是整齐,不折不皱;二是清洁,勤换勤洗;三是完好,无破损、无补丁。

### (二)个性原则

服饰是一种艺术,极富灵性,且个性鲜明。着装的个性原则要求着装者选择服饰的造型、款式、色彩、质地都要体现个性,符合自己的体型、肤色和气质,隐丑显美,给人以性格感。如矮个子的男性适合穿两扣西服,高个子可以穿宽翻领的四扣西服。

### (三)和谐原则

"美在和谐"。服饰要与年龄、性别、职业、体型、肤色、季节、场合等相协调。譬如,青年人的服饰尽可鲜艳、活泼些,展现其青春的活力;中老年人的着装则要注意庄重雅致,以体现其成熟、稳重、严肃、大方的气度。

### (四)文雅原则

服饰是人类文明生活不可缺少的内容,是人的内在美与外在美的统一。文明原则要求着装文明大方,符合社会的传统道德和常规做法,忌穿过露、过透、过短、过紧的服装,也不宜一味追求怪异。

### (五)TPO 原则

TPO 是英文里时间(Time)、地点(Place)和目的(Objecrive)三个单词的缩写。这个原则的基本含义,是要求人们在服装穿着、饰品佩戴和配件使用等方面,都必须适应具体的时间、地点和目的要求,而不能自以为是。这个原则既是有关穿着打扮的最重要原则,也是服饰礼仪的基本

原则。

（1）时间，泛指早晚、季节、时代等。穿衣要考虑这些因素，注重时间变化。晨练与晚宴着装是不同的，西方还有早礼服、晚礼服之分。再如冬、夏季节不同，着装也应不同，既不能"为了俏，冻得跳"，也不可在夏天"捂得汗水湿透西服"，应顺应自然。着装还要有时代特点，显示出不同时代的不同风格。

（2）地点，指地方、场所、位置等。着装要因地制宜。在校园内、校园外、做家访、去郊游、在城市、在农村都要有所区别，因为不同国家、不同民族有不同的文化背景、地理环境、历史条件、风俗人情，我们在服装上也要尊重对方的思想情感。人置身于不同的环境、不同的场合时，就应该有不同的服饰穿戴，要注意所穿戴的服饰与周围环境的和谐。公务场合对于服装款式的基本要求是：庄重、保守、传统。符合这一要求，适用于公务场合的服装款式为：制服、套装、套裙、工作服等等。社交场合对于服装款式的基本要求是：典雅、时尚、个性。符合这一要求，适用于社交场合的服装款式为：时装、礼服、民族服装，以及个人缝制的个性化服装等等。休闲场合对于服装款式的基本要求是：舒适、方便、自然。符合这一要求，适用于休闲场合的服装款式为：家居装、牛仔裤、运动装、沙滩装等等。

（3）目的，是指出席活动的意图。衣服是给人看的，功能是遮挡与炫耀。是自尊，还是敬人；是隆重，还是怠慢；是张扬、还是谨慎，都可以从着装上得到体现。

## 二、女教师的着装规范

女性的服装比男性更具个性特色，但是要注意自己教师的身份，自己的榜样作用，导向作用，在校园不要穿着得过分性感，过分艳丽，过分奢华。要体现高雅、大方、端庄的风度。

（一）女士着西装时要注意的几个方面

（1）女西装配西装裙的职业套装更能显露女性的高雅气质和独特魅力。

（2）女子西装款式多样，要根据自己的年龄、体型、皮肤、气质、职业等来选择；要讲究皮鞋、袜子、皮包、饰物、发型、化妆与西服的配套协调。

（3）挑选西装时，选择基本色最好，不需要流行的颜色，黑、褐、灰或者条纹、碎点的图案比较好。面料质地要好。

## （二）裙装

裙装最能体现女性的体态美。在一般的社交场合，女性可以穿连衣裙或穿中式上衣配长裙。

## （三）鞋袜

鞋子和袜子在西方被称作"脚部时装"和"腿部时装"，颇为重要。在正式或非正式社交场合，女性一般穿黑色半高跟皮鞋，不要穿鞋跟太高太细的高跟鞋，以免走路时步伐不稳，影响形象。穿西装不能穿旅游鞋、布鞋及凉鞋。否则，被视为不懂礼仪，缺乏教养。

女士穿裙子应当配长筒丝袜或连裤袜，颜色以肉色、黑色最为常用，修长的腿可以穿透明丝袜，腿太细可穿浅色丝袜，腿较粗可穿深色的袜子。

挑丝、有洞或自己用线补过的袜子，都不能穿着外出，可以在办公室或工作场所预备一两双袜子，以备袜子被钩破时急用。在正式场合着裙装，不穿袜子是不礼貌的。

在西方，西服裙装搭配袜子要穿连裤长筒袜或长筒袜，没长筒袜时，可以光脚，但不应穿短筒袜。

特别提示：袜口不能露在裙摆或裤脚外边；不能在像学校这样的场合整理自己的袜子。

## （四）女性教师着装的"六不"原则

（1）衣服不允许过大或过小。在学生面前不要穿低腰裤和露肚脐，上衣最短齐腰，西服裙子最短到小腿中部；要合体典雅，体现服饰美。

（2）不允许衣扣不到位。不能不系上衣口，敞胸露怀。

（3）不允许不穿衬裙。衬裙颜色应与套装裙颜色一致协调，不许内裤为人所见。

(4)不允许内衣外现。穿吊带衫时,文胸的吊带不论是什么颜色、质地,都不要露出来,更不要出现好几条带子露出来。穿西装时衬衫不应透明,内衣不能从领口露出,不能不穿衬衫,直接把连胸式衬裙或文胸当衬衫穿在里面,这样非常有失身份。

(5)不允许随意搭配。套装不能与休闲装混穿,不能与牛仔服、健美裤、裙裤"合作",黑皮裙、黑皮靴也不能当正装来穿。

(6)不允许乱配鞋袜。套装应穿黑高跟、半高跟皮鞋,肉色丝袜,不要穿花网袜,不能露袜口,也不能穿一长一短两层袜子。

(五)日常服装"五忌"

(1)忌露。教师工作与外出时,着装不能露出乳沟、肚脐、脊背、胸毛、腋毛、腿毛等。

(2)忌透。衣服再薄,天气再热也不能使内衣、背心、文胸、内裤等若隐若现,甚至一目了然。也不能让内衣外穿之风刮进校园。

(3)忌紧。制服过于紧身,让内衣、内裤的轮廓原形毕露是既不文雅,也不庄重的。

(4)忌异。教师不是时装模特,不能过分新奇古怪,招摇过市。

(5)忌乱。不可穿着不讲究:卷袖子、敞扣子,颜色过乱、饰物乱配,衣服脏、破、皱,不烫不熨,油垢、牙膏遗迹"昭然若揭"。

(六)服装的配色艺术

1. 三色原则

(1)西服、衬衫、领带、皮鞋、手帕、袜子等不超过三个色系。

(2)小三色:手表带、腰带、皮鞋颜色要力争一致,至少是一个色系的。

2. 服饰的色彩哲学

服饰色彩及其搭配涉及到色彩学和美学,同时还渗透着人的价值观念、爱好、性格特征、礼仪素养。人们常说,着装的成功在于搭配,着装的失败也在于搭配。色彩因其物理特质,常对人的生理感觉形成刺激,诱发人们的心理定势和联想等心理活动。色彩还具有某种社会象征性,许

多色彩象征着某种性格、情感、追求。例如：

黑色，象征神秘、悲哀、静寂、死亡，或者刚强、坚定、冷峻。

白色，象征纯洁、明亮、朴素、神圣、高雅、怡淡、空虚、无望等。

黄色，象征炽热、光明、庄严、明丽、希望、高贵、权威等。

大红，象征活力、热烈、激情、奔放、喜庆、福禄、爱情、革命等。

粉红，象征柔和、温馨、温情等。

紫色，象征高贵、华贵、庄重、优越等。

橙色，象征快乐、热情、活动等。

褐色，象征谦和、平静、沉稳、亲切等。

绿色，象征生命、新鲜、青春、新生、自然、朝气等。

浅蓝，象征纯洁、清爽、文静、梦幻等。

深蓝，象征自信、沉静、平稳、深邃等。

灰色是中间色，可象征中立、和气、文雅等。

服饰配色包括同类配色和衬托配色。同类配色指相同的颜色进行组合搭配，一般是下浅上深、内浅外深，或者相反。

教师应该遵守审美规则，这样在选择、搭配、使用之中，才不至于弄出洋相，被人笑话。

### 三、男教师的着装规范

#### (一)西装的穿着

在交际场所穿着西装的人越来越多，它的穿着十分讲究。

*1. 西装穿着的基本要求*

西装的袖长以达到手腕为宜，衬衫的袖长应比上衣袖口长出 $1.5cm$ 左右，衬衫的领口亦应高出上衣领口 $1.5cm$ 左右，这样有一种匀称感。

在隆重场合穿西装要系扣，一个扣的要扣上；两个扣的只需扣上面的 $1$ 个，平时可以都不扣；三个扣的，扣中间一个；双排扣西服，通常情况下，纽扣全部扣上。

西装衣袋的整理十分重要，上衣两侧的两上衣袋不可装物，只作为装饰用，上衣胸部的衣袋可以装折叠好花式的手帕，有些小的物品可装

在西装上衣内侧的衣袋里。裤袋亦和衣袋一样,一般不可装物,裤子后兜可装手帕、零用钱。手帕应平整,叠得方方正正,一般使用白色或不太鲜艳的手帕,并准备两块。

西裤长度以裤脚接触脚背为妥。穿西裤时,裤扣要扣好,拉锁全部拉严。西装坎肩要做得贴身,与西装配套的大衣不宜过长,一般以在胭窝下延3cm为宜。

西装翻领的"V"字区最显眼,领带处在这个部位的中心,被称为西装的灵魂。应穿着深色没有花纹的皮鞋,正式场合应穿系带的黑皮鞋,并经常上油打光。应穿着深色袜子,以显庄重。服饰的根本要求是整洁,要体现出着装人的精神面貌,应该使自己的服饰做到:有洁白的衬衫,典雅大方的领带,裤线笔直的西裤,打油上光的皮鞋。

**2. 男性教师穿西装要注意的几个方面**

西装配套是有讲究的。正式场所要着深色套装,以示庄重、自尊;非正式场所要力求和谐,以展示风度,讲究领带的选择与佩戴,以显示人的个性与人格。注重衬衫的选配,正式场合衬衫颜色力求素净文雅,整洁无折皱的衬衫可显示人的内在美;西装款式的选择要与人的脸型、体型、年龄和性格相适应,以显示个人的身份。西装整体的协调更重要,要使身份、场所、年龄、季节、性格相互协调;要使西装,衬衫、领带、皮鞋、袜子和穿着方式相互协调。

穿西装时内部通常不提倡穿毛衣,更不能穿多件毛衣。如果要穿毛衣,只可穿一件,若穿在衬衫外时,领带应放在毛衣内部,不穿开身衫及带图案的毛衣,应穿素色毛衣。羊绒衫可穿在衬衫内,但衬衫内不应露出任何衣服的领子。新西服袖口的商标一定要去掉。

**3. 领带**

领带是与西装配套的饰物,在正式场所系上领带,既礼貌又庄重,且领带是西装"V"字型开领处的灵魂。在佩戴领带时要注意以下几方面:

(1)穿西装时,打领带时衬衫应系好领扣,不打领带时,领扣应打开;要采取合适的领带结法,以配合衬衫领型,产生舒适、协调的效果。

(2)领带的选择。要注意西装、衬衣的条纹与领带质地、颜色的协调搭配。

领带的质料大多为丝绸,常用图案有水珠、月牙形、方格形等。正式场合必须系领带,领带颜色要讲究。宴会等喜庆场合领带可鲜艳明快;参加吊唁活动要系黑色或素色领带;参加商业界活动宜佩戴醒目且花纹突出的领带;职业领带往往是素色或深色,多无花纹。

(3)系领带要注意衬衫领围大小,西服内衣有西服坎肩、鸡心领毛背心的,领带要放在这些衣服内,且领带下角不可从这些衣服下端露出。

领带要按规定系好,下端应与腰带齐。

(4)领带夹要把领带与衬衫一齐夹紧,且领带夹夹的位置要适中,一般在衬衣第三、第四粒纽扣之间。

### (二)中山装的穿着

中山装要求穿上下同色同质料子的服装,配黑色皮鞋。中山装既可以在出席正式场合时穿,也可以平时穿。穿着时要扣好领扣、领钩、裤扣,穿长袖衬衫要把前后摆放人裤内,袖口不可卷起,衣袋内同样不要放很多东西。

### (三)便装

便装指平常穿的服装,使用范围广泛,根据不同的用途和环境,便装又分很多种。便装比正装随便得多,个人可根据自己的爱好及自身的客观条件去选择各种式样,但穿着时一定要注意到它是否符合将要去的环境与气氛。

旅游服、运动服重要的是舒适、实用、便于行动。

家庭装应随便、舒适、轻松活泼。早晚穿着的有晨衣、睡衣等,但不能穿这类服装会客,更不能穿这类的服装进教室给学生上课。

### 四、佩戴饰物的规范

佩戴饰物时,要求与个性和着装协调。这样饰物与着装巧妙搭配,形成和谐的整体,以衬托仪表,体现个性,展示出教师的内在气质和高雅品味。佩戴饰物也要求饰物的质地适宜,这样才可以产生整体和谐

的美。

（一）饰物佩戴方法

饰物佩戴方法非常重要。

（1）戒指的戴法最为讲究，戴在不同手指上，将给对方不同的信息。例如:按照惯例戒指戴在食指表示目前独身且觅偶，戴在中指表示正在热恋中，戴在无名指上表示已婚，戴在小指上表示持独身态度。戒指不要乱戴，也不要别有用心地暗示对方。如果已婚女士不愿暴露婚姻状况时，可以不戴戒指；一些女士明明已婚，却将戒指戴在食指上（表示未婚），这是不对的。戒指一般戴在左手上，如戴在两只手上要左右手对称。不是新娘不要把戒指戴在手套外面。

（2）教师不提倡戴手镯，戴手镯在讲课或板书时会分散学生的注意力。如着便装休闲时戴手镯，形状不宜过于招摇，档次不宜过低。着西装时不戴木、石、皮、骨、绳、塑料等艺术性手镯。手镯可戴一只，通常戴右手上；也可戴两只，但一只手上只准戴一样饰物，手镯、手链、手表任选一样。手链通常只宜戴一条。不要戴在袖口之上，或有意露出。

手镯和手链的戴法也有不同暗示，戴在右臂，表示"我是自由的"；戴在左右两臂或仅是左腕，说明已婚。尽管很多人并没有意识到上述戴法的特殊意义，如若无意中戴错了，那么，有可能会在交往中出现误会。

（3）穿西装套裙时，不要戴两只或两只以上的耳环，也不要只在一只耳朵上戴耳环。

（4）戴项链时应避免因文化差异产生的误解。

（5）帽子是现代女性主要的饰物，要根据自己的职业、体型、肤色和着装协调一致，以起到帮助自己扬长避短的效果。

（6）墨镜要考虑整体效果。参加室内活动与人交谈，不要戴墨镜；若有眼疾需要戴时，要向对方表达歉意；在室外，参加隆重的礼仪活动，也不应戴墨镜。

（7）胸花是女性胸、肩、腰、头等部位佩戴的各种花饰，一般佩戴在左胸部位，也可依据服装设计要求和整体效果将其佩戴在肩部、腰部、前胸或发髻等处。佩戴的胸花要高雅。戴胸花、胸针的具体高度，应在从

上往下数的第一、第二粒纽扣之间。

(8)手提包是女性日常出席正式场合活动的重要饰物，要求小巧、新颖、别致、协调，给人以赏心悦目的感觉，手提包的颜色要与季节、服装、场合、气氛相协调。在严肃的社交场合，可使用颜色较暗、形状较方正的提包；参加舞会或宴会，可使用颜色鲜艳的羊皮小包或缎面小包。夏季提包应该小巧淡雅，冬季提包可以艳丽明快，以展示教育工作者的独特魅力。

(9)穿短袖或无袖上衣参加舞会，不要戴短手套。

(10)手表，又叫腕表，即佩戴在手腕上的用以计时的工具。在社交场合，佩戴手表，通常意味着时间观念强、作风严谨。

(二)男士饰物的特殊要求

男性比女性拥有的饰物显得少而精，但它们的实用性更强，因而佩戴更要符合礼仪规范。

(1)皮带。皮带质地有皮革的(包括羊皮、牛皮、鹿皮)，有塑料的，金属的及人造革的。皮带色彩与裤子色彩搭配时，可采用同一色、类似色和对比色。一般说来，黑色皮带可以配任何服装。选择一条质量上乘、款式大方、新颖别致的皮带，可以增加男人的风度和气质。

(2)皮夹与名片夹。皮夹是男士重要的随身物品，它有皮的和人造革两种。有身份的男士最好购买皮的，颜色可选含有华贵之感的暗咖啡色和黑色。皮夹中不宜塞满东西。

名片夹用于装自己的名片和他人给予的名片，以皮制的最好，金属的次之。

(3)手表与笔。手表、金笔和打火机在西方被称作男士三大配饰，被认为是身份的象征。

男士在公务活动或社交活动中应该携带一枝钢笔和一枝铅笔。在较为正式的场合最好带一枝金笔，笔可以放在公文包内或西装上衣内侧的口袋内，不要插在西装上衣左胸外侧的装饰性口袋中。

(4)公文包。公文包质地以深褐色或棕色皮革制为最佳，不要选用发光发亮、印满广告或图案的皮包。皮包中，应准备好钢笔、记事本或散

页的记事本、电话本、计算器,等等。

(5)眼镜。选择眼镜时,要充分考虑自己的身材、脸形和肤色。

(6)男士的装饰最普遍使用的是配西装的领带夹、衬衫袖扣和西服领上的徽章。恰到好处的装饰,会使庄重的西装生动起来。

# 体态优雅,更显风度翩翩

某中学有两大"怪才"教师,分别是"琼瑶"、"武林高手"。

"琼瑶",又名"穷摇"。这位老师平时走路扭来扭去,上课时,忍不住也扭去扭来,据说这位老师是身体有病,但时间长了,还是有了"琼瑶"的美名。

"武林高手"指的不是武松也不是郭靖,而是教高一数学的年轻有为的齐老师。齐老师瘦瘦的,高高的,刚从大学数学系毕业,知识新,口才好,但上课不久大家发现:齐老师上课,当要讲黑板左边的内容时,左边的脚就会跨出一步,然后右脚连同上身跟上去一扭就到了要讲的内容前;当要讲黑板右边的内容时,同样的姿势一定会上演,于是,同学们说:"齐函数在负无穷大到正无穷大$(-\infty, +\infty)$区间上跳舞。"于是,学生们猜想,齐老师上大学时,一定是"舞林高手",于是就有了"武林高手"。

我们说,"走有走相"、"站有站相",作为教书育人的教书来说,注意自己的体态和姿势是非常必要的,既能提升个人形象,又能增加在学生中的受欢迎程度。下面一些经验值得教师们参考。

## 一、教师的站姿

站姿在一定程度上反映了一个教师的精神面貌和对课堂的投入程度。因而教师的站姿在稳重之中还要显出活力,不要过于拘谨和呆板。教师站在讲台上要精神振作,潇洒大方。要随时根据授课内容和课堂情景的变化调整站姿,适当走动,要善于运用恰到好处的动作和站姿来配合自己的语言表达。

(一)教师在讲课时站的位置

讲课时,教师站在教室的前中央为最佳位置,即讲桌与黑板之间,这样做可以提高课堂教学效率。教师站在讲桌与黑板之间,除两边的学生外,大多数学生是直视的,这对保护视力有益处。若站在一角,则大部分学生的视线是斜的。踱步讲课,学生目光随之移动,久而久之对学生的视力也会有影响。此外,教师讲课总是辅之以板书,还要随时参阅教案,站在讲桌与黑板之间,口述笔写,随手可到,浏览教案,低头可及,既节约时间又方便应手。若站在一角或踱来踱去讲课,板书时需向黑板靠拢,参阅教案时又要向讲桌靠拢,这既浪费时间又不方便。

(二)教师正确的站姿

站姿是教师在课堂中最重要的举止之一。在课堂上,教师不同的站立姿势,对学生的心理有不同的影响。

(1)正向抬头,双目平视前方,嘴唇微闭,面带微笑,自然平和。

(2)两肩平行、放松,稍往下压,使人体有向上的感觉。

(3)躯干挺直,身体重心应在两腿的中央,做到挺胸、收腹、立腰。(这样会给学生以"力度感")

(4)双臂自然下垂于身体两侧,或放在身体前。

(5)双腿直立,两足分开 20 公分左右的距离或两脚靠拢,脚尖呈"V"字型。女教师两脚可并拢。男教师双腿张开与肩宽,保持身体的端正。

(三)学生回答问题时教师的站姿

学生回答问题,教师身体微微前倾,这种姿势表明对学生说的话感兴趣,也表明教师的注意力都集中在学生身上,没有走神,增加了亲切感。

(四)教师站姿的注意事项

(1)学生自习时,老师可以用手撑住桌沿,把重心移到某只脚上,但不能长时间手撑桌面,免得学生认为老师疲惫不堪,影响听课情绪。

(2)擦黑板时,教师的站立要稳,不能全身猛烈抖动,左右摇晃,此举会破坏教师的课堂形象。

(3)教师讲课的站位不能呆板地固定在一点上,应适当地移动位置,或到学生座位行间进行巡视。

(4)忌侧身而站。心理学研究表明,侧身而站和面向黑板而站说明教师的心理是封闭的,不利于阐述教学内容,而且给学生留下缺乏修养的印象。

(5)忌站时重心移动太快。站时重心忽左忽右,彰显信心不足、情绪紧张、焦虑。面对学生站稳,表明教师准备充足,有信心上好这堂课,有能力控制整个教学局面。

(6)忌远离讲桌,站在讲台的前左角或前右角;"打游击"左右来回移动;或者在学生座位行间踱来踱去,不符合礼仪规范和卫生要求。

(7)忌教师把双手交叉抱在胸前或背在身后,这些动作会给学生一种傲慢的感觉。

(8)如果站立过久,可以将左脚或右脚交替后撤一步,但上身仍须挺直,脚不可伸得太远,双腿不可叉开过大,变换也不能过于频繁。

(9)站立时,忌全身不够端正、双脚叉开过大、双脚随意乱动、无精打采、自由散漫的姿势。

## 二、教师的坐姿

教师的坐姿,是一种静态造型。端庄优美的坐姿,会给学生以优雅、稳重、自然、大方的美感,从而提升教学效果。

### (一)教师落座的方法

女教师在落座前应回视座椅,右腿退后半步(视面部朝向而定),待右小腿后部触到椅子后,方可轻轻坐下(如着裙装,需同时整理好)。坐定后,膝盖并拢,腿可以放在身体正中或一侧。如果想跷腿,两腿需并紧。女教师若着短裙一定要小心盖住膝盖(在讲台上需落座的女教师,不适合穿短裙)。男教师落座时,膝部可以分开一点,但不要超过肩宽,也不能两腿叉开,半躺在椅子里。

**(二)教师坐姿要求**

*1. 头要端正*

不出现仰头、低头、歪头、扭头等情况。整个头部看上去,应当如同一条直线一样,和地面相垂直。在办公时可以低头俯看桌上的文件等物品,但在回答学生问题时,必须抬起头。在和学生交谈的时候,可以正向对方,或者面部侧向对方,不可以把头后部对着对方。

*2. 上身直立*

坐好后,身体也要端正。需要注意的地方有:

(1)倚靠椅背。倚靠座椅主要用以休息。在教室就座时,不应把上身完全倚靠在座椅的背部,最好不要倚靠。

(2)占用椅面。在课堂上,不要坐满椅面,最合乎礼节的是占椅面的*3/4*左右。

(3)身体的朝向。交谈的时候,为表示重视,不仅应面向学生,而且同时将整个上身朝向对方。

*3. 手臂的摆放*

(1)手臂放在双腿上。双手各自扶在一条大腿上,也可以双手叠放后放在两条大腿上,或者双手相握后放在双腿上。

(2)手臂放在身前桌子上。把双手平扶在桌子边沿,或是双手相握置于桌上,也可以把双手叠放在桌上。

(3)手臂放在椅子扶手上。当正身而坐时,要把双手分扶在两侧扶手上;当侧身而坐时,要把双手叠放或相握后,放在侧身一侧的扶手上。

**(三)教师坐姿禁忌**

(1)双腿叉开过大。双腿如果叉开过大,不论大腿叉开还是小腿叉开,都非常不雅观。特别是身穿裙装的女教师更不要忽视这一点。

(2)架腿方式欠妥。坐后将双腿相架的正确方式:两条大腿相架、并拢。忌把一条小腿架在另一条大腿上,两腿之间留出大大的空隙,显得过于无礼。

（3）双腿直伸出去。那样既不雅观又妨碍别人。身前如果有桌子，双腿尽量不要伸到外面来。

（4）将腿放在桌椅上。为图舒服，把腿架在高处，甚至抬到身前的桌子或椅子上，这样的行为过于粗鲁。不允许把腿盘在座椅上。

（5）抖腿。坐时，不停地抖动或摇晃腿部，不仅让人心烦意乱，也给人以不安稳的印象。

（6）脚尖指向学生。不管采用哪一种坐姿，都不要以脚尖指向学生，这种做法缺乏礼数。

（7）脚蹬踏物。坐下后，脚部要放在地上。忌用脚乱蹬乱踩。

（8）用脚自脱鞋袜。在学生面前就座时，用脚自脱鞋袜，显然是不文明之举。

（9）手触摸脚部。就座以后用手抚摸小腿或脚部，既不卫生又不雅观。

（10）手乱放。就座后，双手应放在身前，有桌子时放在桌上。不允许单手、双手放在桌下，或是双肘支在面前的桌子上，或夹在两腿间。

（11）双手抱在腿上。双手抱腿，本是一种惬意、放松的休息姿势，在教室和办公室不宜如此。

（12）上身向前趴伏在讲台上。不要在教室中出现上身趴伏在讲台上的姿态，显得无精打采。

（13）仰靠椅背，翘起并摇动二郎腿，会给学生傲慢和随意的印象。

（14）漫不经心地手托下巴。

（15）懒散懈怠地坐在椅子上转身板书。

## 三、教师的走姿

教师在课堂上如果能适当走动，变换一下位置，可以改变学生注视教师的角度，减轻视觉疲劳。教师的走姿要优雅、稳重、从容、落落大方。

（一）教师规范的走姿

（1）起步时以站姿为基础，上身略为前倾，身体重心在前脚掌上，步态轻盈稳健。

（2）速度适中,不要过快或过慢,过快给人轻浮印象,过慢则显得没有时间观念,没有活力。

（3）头正颈直,两眼平视前方,面色爽朗。

（4）上身挺直,挺胸收腹。

（5）行走时双肩平稳,双臂以肩关节为轴自然摆动,摆动幅度以 *30—40cm* 为宜。

（6）身体重心在脚掌前部,两脚跟走在一条直线上,脚尖偏离中心线约 *10°*。

（7）女教师行走时要走成一条直线,脚步要行如和风,自如、匀称、轻柔。

（8）男教师行走时则要走成两条直线,脚步要大方、稳重、有力。

（9）步幅要适当。着装不同,步幅也要有所不同。

（二）教师走姿禁忌

（1）忌弯腰曲背。教师在课堂中的来回走动是不可缺少的。走时,身板要挺直,两肩要端平。

（2）忌步履蹒跚。走动的速度要根据具体情况来定。走得太慢,使人着急,给人一种漫不经心的感觉;走得太快,使人感到慌乱。

（3）忌面无表情。教师在校园内行走要始终保持微笑,给学生以亲切感。

（4）忌东张西望。教师行走时应随时保持步姿从容不迫,快慢自然,矫健轻快。

（5）忌步子迈得过大或过小,以免有跨越感或谨小慎微感。

（6）忌敞开衣襟。教师的走姿应当端庄,行走中不敞开衣襟,不斜披衣服。

（7）忌拖着鞋走路。

（8）忌勾肩挎臂并排而行。

（9）忌走路时吸烟、吃东西。

（10）忌课堂上走动过频过急。课堂上行走过急会分散学生的注意力,引起学生的反感。

### 四、教师的蹲姿

在公众场合,教师俯身拾物时,弯腰曲背,低头撅臀,或双腿敞开、平衡下蹲,尤其是穿裙子的女士下蹲两腿敞开,在国外被视为"卫生间姿势",既不雅观,更不礼貌。

蹲姿类似于坐,但它并非臀部触及座椅,蹲姿又有些类似于跪,但它又不是双膝同时着地。教师尤其是女教师在有必要采用蹲姿时,一定要做到姿势优美。

### 五、教师的手势

手势是一种极其复杂的符号,能够表达一定的含义。手势对于增强教学效果具有十分重要的作用。所以教师要注意手势语言的运用幅度、次数、力度等技巧。在教学实践中,以各种不同形态的造型,描摹事物的复杂状态,传递潜在心声,显露教师心灵深处的情感体会与优雅的举止。

(一)教师的基本手势

(1)垂放,是教师最基本的手姿。

①双手自然下垂,掌心向内,叠放或相握于腹前。

②双手伸直下垂,掌心向内,分别贴放于大腿两侧。

(2)背手,多见于站立、行走时,既可显示教师的权威,又可镇定自己。应用方法:双臂伸到身后,双手相握,同时昂首挺胸。

(3)持物,即用手拿东西。其做法多样,既可用一只手,又可用双手,但最关键的是,拿东西时应动作自然,五指并拢,用力均匀。忌翘起无名指与小指,故作姿态。

(4)鼓掌,是用以表示欢迎、祝贺、支持的一种手姿,多用于会议、演出、比赛或迎候嘉宾。

应用方法:是以右手掌心向下,有节奏地拍击掌心向上的左掌。必要时,应起身站立。但是,不应以此表示反对、拒绝、讽刺、驱赶之意,即不允许"鼓倒掌"。

(5)夸奖,这种手势主要用以表扬学生。

应用方法:伸出右手,翘起拇指,指尖向上,指腹面向被称道者。但在交谈时,不应将右手拇指竖起来反向指向其他人,因为这意味着自大或藐视。以之自指鼻尖,也有自高自大、不可一世之意。

(6)指示,是用以指示方向的手姿。

应用方法:是以右手或左手抬至一定高度,五指并拢,掌心向上,以其肘部为轴,朝一定方向伸出手臂。

**(二)教师应用手势的规范**

(1)大小适度。在社交场合,应注意手势的大小幅度。手势的上界一般不应超过对方的视线,下界不低于自己的胸区,左右摆的范围不要太宽,应在自己胸前或右方进行。在课堂上,教师手势动作幅度不宜过大,次数不宜过多,不宜重复。

(2)自然亲切。教师在课堂上,多用柔和曲线的手势,少用生硬的直线条手势,以求拉近师生间的心理距离。

(3)恰当适时。教师讲课应伴以恰当的、准确无误的手势,以加强表达效果,并激发学生的听课情绪。切忌不停地挥舞或胡乱地摆动,也不要将手插入衣兜或按住讲桌不动。手舞足蹈会令人感到轻浮不稳重,过于死板又会使学生感到压抑,总之应以适度为宜。

(4)简洁准确。手势是教师最明显、最丰富,也是使用最频繁的教具之一。在讲课讲话时,手势要适度舒展,既不要过分单调,也不要过分繁杂。一般说,向上、向前、向内的手势表示成功、肯定、赞赏;而向下、向后、向外的手势表示失败、悲伤、惋惜等。手势应该正确地表示感情,不能词不达意,显得毫无修养。

**(三)教师的手势禁忌**

手势是最有表现力的一种"体态语言"。教师恰当地运用手势,能够起到良好的沟通作用,也会使自己的形象更美、更有风度。

(1)忌当众搔头皮、掏耳朵、抠鼻孔、剜眼屎、剔牙、抓痒痒、咬指甲等。这些动作会令学生极为反感,严重影响形象与风度。

(2)不要用手指指点他人,用手指指点他人的手势是非常不礼貌

的,含有教训人的意味。

(3)讲课时忌讳敲击讲台、黑板,或做其他过分的动作。

(4)忌玩弄粉笔或衣扣等。

(5)忌高兴时拉袖子等不文雅的手势动作。

(6)忌交谈时指手画脚、手势动作过多过大。

教师手势的运用要规范和适度,给人一种优雅、含蓄和彬彬有礼的感觉。谈到自己的时候,不要用大拇指指自己的鼻尖,应用右手掌轻按自己的左胸,那样会显得端庄、大方、可信;谈及别人、介绍他人、指示方向、请对方做某事时,应掌心向上,手指自然并拢,以肘关节为轴指示目标,同时上身稍向前倾,以示敬重,切忌伸出食指来指点。掌心向上的手势有一种诚恳、恭敬的含义;而掌心向下则意味着不够坦率、缺乏诚意。招手、鼓掌等都属于手势的范围,应根据不同场合和目的恰当运用,不可过度。教师要掌握增强语言表现力的有意识手势,并使之优雅自然。

# 远离不良嗜好

张老师爱抽烟,平时抽,上课也抽。即使是正在讲课,他也会一手拿粉笔,一手拿烟,边讲边抽。每当此时,坐在前排的女同学总是捂着鼻子,大气不敢出。他的手被烟熏得蜡黄,他的牙被烟熏得很黄,每当说话,口中总喷出烟味。因此。作为他的学生,你须练出"鼻功",不怕烟熏,不怕味呛,只管听讲。

每当有其他老师问起学生有关老师情况时,学生们的评价很一致:"张老师的课讲得不错,只是……。"

就个人生活习惯来说,是否吸烟,他人无权干涉,但前提是不损害别人身心健康,不违公共道德和礼仪规范。教师是文明行为的力行者,也是传播者,不应当用自己的陋习损害教师形象,贬损自身形象。现今在某些学校(比如北京市属中小学)已明文禁止师生在校内吸烟,作为教师应带头做到。其实,不管学校有无规定,作为教师都应当自觉摒弃这一不良生活习惯,毕竟无数的医学研究证明,吸烟是对自己和他人有百害而无一利的事。

除了吸烟,还有喝酒。这是一个比吸烟复杂得多得多的问题,这里只讨论酒后上课的问题。

教师酒后上课的现象应该是比较普遍的。有的教师喜欢借酒浇愁,有事没事喝点小酒。教师一般酒场也不多,只好个人独酌,但往往也是可以喝到"对影成三人"的。开车的人喝多了可以胡开,开刀的人喝多了也可以胡开,上课的人喝多了更是可以胡上。有个老师上课有特点,进教室是教案和茶壶随身携带。开始上课的时候,总是没劲儿,说话有气无力,但讲着讲着,声音大了,劲头儿足了,面带红光了。下课的时候,学生尝尝茶壶里的"茶",原来是米酒,味虽淡却很有力。这方面的例子和笑话可以说俯拾即是。

上课时教师自己不胜酒劲儿,就大打呼噜;学生倒好,可以趁此自主学习、自由思考了。上课有了酒精的作用,有的老师就"开洋船",讲得自己也不知所云。有个老师上完了一节课,等到下一节又上了同样的内容。学生说讲过了,他很茫然,就像是曾经患了夜游症,自己做的事情被忘得一干二净。更有的教师要么不上课了,要么在课堂上出更大的洋相,但有的教师还没什么稍微喝点酒更利于发挥水平。这更是酒上加错了,酒多话多,说的都是没:有用的话且不说,关键是只有老师在那里眉飞色舞、满嘴酒气地讲,还有学生什么学习和思考的空间呢? 不喝酒的人老是会问,为什么人喝多了酒,总是好重复某一句话,原因很简单,他已经不知道自己所讲的是什么内容了。一句话虽然已经讲过,但还是以为自己没有讲,因此总是唠叨不停,更为严重的是行为的失控。

所以,教师要想受到学生欢迎,请最好远离不良嗜好。

# 如何全面地进行计划

最卓越的老师总会全面计划。大部分老师都会承认他们在经历了很多之后才得到这个结论。作为老师，我们都经历过准备课程或活动，开始的时候我们往往都会觉得准备的过程将花费很多时间，但最后发现我们最初的想法彻底错了。比如，假设你是一个老师，正在为一项活动做准备。你觉得整个要花费 20 分钟，而真正活动仅仅进行 7 分钟，那多余的 13 分钟是有意义的吗？除非你全面计划，否则你注定采用绝望战术——题海战术。无穷无尽的习题册，学生们完成了一个还有更多的在后面等着。或者，学生们做题的时候根本不用大脑，几乎所有的答案都是错的。这时，老师就会不断地要求学生增加习题量，校正他们的作业，减少休闲时间等等。当然，一些学生可以用很短的时间完成作业，而其他的学生可能一直都不愿开始做习题。在这种情况下应该如何解决后者的问题呢？这时，你可能会陷入另外一项绝望战术，比如，你会说"如果已经做完了作业，去图书馆多借点书看"，或者干脆说："完成练习之后，继续检查，等其他人完成。"听起来很熟悉？这种我们熟知的无奈境地完全可以通过全面计划来避免。

如何才称作全面计划？你的准备工作要比你认为自己必须做的还要周密详实。然而，要小心一句话：不要仅仅是筹备另外一个同样类型的活动。这样的话，学生们会感到无聊，不会集中于你组织的活动。相反，如果一次活动非常成功，那么就要将学生们刚刚掌握的技能进行提升。因此，当全面计划的时候，确保下一步的活动对学生提升技能有一定的挑战性。

那么全面计划有不利的一面吗？答案是：没有。最坏的情况是，你没有完成事先计划好的内容。最重要的是你已经成功地教会学生掌握了一门新的技能。在下一个部分，你可以学到时间管理的技巧，而这将帮助你避免"过度地"全面计划。

当你旅行的时候，多带衣服总比到了紧要关头发现没有可以穿的衣服好。当飞行员飞行之前，宁可多带航油而不是带着不足的航油飞行。这个道理在课堂上也是同样成立的。

# 如何有效利用你的时间

即使是最好的老师也要承认，要使得一堂课的时间精确到一个小时是非常难的。而准备90分钟的课程，想在课程最后剩下一两分钟可能更难。毕竟你不希望原本应该60分钟的课程只上了30分钟就结束，所以你应该通过全面计划来完成剩下的30分钟。同时，你也不希望这个60分钟的课程最后用了90分钟才讲完。那么，怎么样才能使老师在规定的时间内刚好完成他们原计划想讲授的内容呢？最卓越的老师有自己的秘密。当他们备课的时候，他们用5分钟分割法。换句话说，将60分钟的课程分割成12个5分钟的部分。比如，课程介绍占用5分钟时间；课程介绍之后的简短的讨论可能也要占用5分钟时间；之后，老师用5分钟的时间讲授这节课要学习的技巧，再用5分钟的时间进行技巧的模式化训练。在这之后，老师会组织两个5分钟的小活动，让学生们练习刚才学过的技巧。然后，老师安排学生开始分组练习，大约占用两个5分钟。最后，学生独立进行10分钟的技能训练。现在还剩下两个5分钟；如果学生在理解上有困难，老师可以再花5分钟时间讲解一下关键内容或者再多加一些练习。如果学生们觉得没有困难，就将这5分钟用来回顾复习，所以总共复习时间大概要一个或者两个5分钟。这样，60分钟的课程计划完毕，而且计划周密！

老师用这种方法进行规划，将会保证课程顺畅进行，而且也可以保证活动的多样化和完整性。这确保在整节课中学生的注意力高度集中，同样可以让你不必在一件事情上花费太多时间——这也恰是许多老师犯的致命错误。最后,这个时间规划方法可以保证你在规定时间内合理安排各部分内容,而且可以准时下课。

但是,如果在分组练习过程中,你发现有些同学很难开始独立技能练习,这时你能够做些什么呢?那么你应该像最卓越的老师一样——调整。在一些课程中,可能你的学生需要一个学习和理解过程,直到下次课才能准备好尝试你讲授的新技能——这是可以理解的,我们需要做的足调整。但是,一定要随时知道每一个 5 分钟单元进行到了什么步骤。当然,最好的办法是在教室的墙上挂一个大钟。

你有没有好奇过为什么有些演讲者进行 3 个小时的演讲,然后保证演讲准时结束?或者政治代表会上一个小时的演讲可以在演讲开始 60 分钟的时候准时结束?因为他们都是采用 5 分钟分割法进行计划的。当安排计划的时候,确定 5 分钟之内可以讲什么内容比确定一个小时可以讲什么内容要容易得多。

所以当计划你下一个课程的时候,可以尝试一下上述方法。顺便说一句,如果你觉得一个活动只需要 2 分钟,那么就不要将这个活动刻意延长到 5 分钟。只需要将剩余的 3 分钟加到你下一个单元中,或者另外计划一个需要 3 分钟的单元——你知道该怎么做。

很重要的一点:我们的建议不是旨在用 5 分钟分割法来消磨时间。最好的老师保证教学质量,充分利用每节课的每一分钟。他们不会仅仅为了精确课程时间而进行活动规划和消磨时间。如果有学生没有理解刚才讲授的内容,他们不会匆忙进入下一个部分,他们不会想:"哦,我规划的 5 分钟已经到了,必须进入下一步了!"他们会认为"还有很多内容要讲解"。他们希望教学的每一分钟都充分利用,而且学生们确实得到真才实学,而这也恰恰是他们采用 5 分钟分割法的原因之一。

还有一个不可否认的事实是,不论什么年纪的学生,包括成人,都很难长时间将注意力集中在一个任务上。不要太担心这会迫使你花费更多的时间来制订计划,绝对不会。

稍等,如果你计划让学生们花 30 分钟时间读一些材料会怎样呢?让我们仔细考虑一下这个问题。你注意过,当你说"阅读这一章节"的

时候,学生们大概会有5分钟的时间在低声抱怨,然后才开始阅读。注意开始阅读意味着什么——你会发现大部分人开始偏离主题,你要不断修正他们。他们在剩余的5分钟无所事事,眼睛盯着课本出神或者和别人闲聊或者漫无目的看课本,这是因为他们在抱怨5分钟后就不知道应该关注什么内容了。这里,我们给出一个小技巧。如果你想让他们在章节中阅读到某些特定内容,或者整个章节,你完全可以将这次阅读用5分钟分割法变为一次有意义、充满趣味性的学习过程。很简单,先决定你希望他们从每次从一页内容中得到什么,然后给学生两分钟时间来找到你想要的内容,然后再对这次阅读进行一次讨论。还有一个更好的办法,将整个班分成若干小组,每个小组带着不同目的进行阅读分析,然后让全班回来一起讨论他们所学到的东西。每一个章节的任何一个题目都可以成为吸引学生的"点",只要你勇于创新,采用更好更新的方式方法。

所以,请采用5分钟法,期待着你的课堂变得更加活跃!

# 如何让你的计划更灵活

最优秀的老师知道计划中不可或缺的部分是一定的灵活性。计划本身很简单——写出你想做的,你想和学生们一起完成的内容。请记得大家常提到的"天衣无缝的计划"。现在教学中,很多时候事实并不像我们一开始计划的那样进行。当制订计划的时候,你很难预期同学们可能提出的问题、学生们对特定问题的理解力水平、突发事故、随时可能进行的消防训练等等。所以你只能尽力——假设上述情况不会发生,当然我们清楚地知道这是不可能的。

灵活的人有时会表示服从,但绝对不会崩溃。当出现问题的时候,他们不会像其他人一样手足无措、灰心丧气,而是坦然接受。当事情没有按照他们预想的方式进展的时候,他们不会接受失败,而是通过调整来改变现状。如果他们在某一天或者某个课堂上没有完成既定任务，那么他们会在第二天的课堂上继续进行并完成。

固守计划的老师总会有挫败感，但却不能指出到底问题出在什么地方——教学和完美主义是两个关联不紧密的概念。一堂课通常情况下不会一帆风顺。虽然门口的标志语说"请勿打扰"，然而敲门声依旧时不时出现。PA系统可以被用于各种让人不胜其烦的情况。固守计划的老师可能要花很长时间抱怨事情不是如他预料的那样发展。你一定听到过很多这样的声音，但你意识到这是个问题了吗？"我数了数今天公布的通知——一共11个！这么多的时候会打断教学，我们怎么能保证教学呢？现在他们居然还想让我们再提交一份报告。知道今天早上的消防训练吗？刚刚好是数学课的时候！当我们回到教室的时候，学生们已经忘记了我刚才教他们的所有东西。我花了10分钟的时间才安置好学生们，然后继续讲课（哦，顺便说一句，这些老师通常在上课时间和隔壁教室的老师谈论这些内容）。他们总是因为自己不能控制的因素而自怨自艾，而他们总是把宝贵的教学时间花在和其他人分享自己的不幸上面。

是的，只要你留心观察，最卓越的老师通常也是最开心快乐的老师，没有自怨自艾，只是真正爱着他们正在从事的职业，即使很多事情超出他们最初的既定计划。他们将注意力集中在自己可以控制的因素上面。而不是怨天尤人。

# 如何制订一个清晰的目标

在旁听一位老师的课程之后，老师被问道："你希望学生们通过这节课学到或者能够掌握什么东西呢？"旁听的人，也是这个学校的校长，在听完这节课之后，不知道这位老师的教学目的是什么。在这位老师给出答案之前，我们首先来看看校长在旁听过程中观察到什么。

**一节徒劳的课**

开始上课，这位老师说："请翻到课本第56页。"然后她问学生们："这个故事的题目是什么呢？"下一个问题："作者是谁，"继而，"谁对这篇文章做了注解？"在问完这些问题之后，老师说："现在我希望大家通读这篇文章，读完之后请回答这个故事中的几个问题。"老师随后会在整个教室巡视，防止学生走神或者闲聊。虽然学生们非常不情愿，但当老师就在他们身边走动的时候，他们不得不紧盯书本。一些学生确实在安静专心地阅读，仔细地回答课后问题。而当他们已经做完了这些工作，另外一些学生可能才刚刚读到第一页或者第二页。老师这时候就会请已经完成的同学用一段话来回答刚才的问题。无须多说，这些学生们都不太高兴，这感觉好像是因为他们按时完成了作业而受到惩罚。

好的，相信这种情况在很多课堂上都出现过。这种现象在课堂上一直出现，而有的学生总也来不及阅读和回答问题，不等他们反应过来，下课铃已经响了。

现在回到我们一开始问的那个问题（显然这是一个非常合理的问题）："你希望学生们通过这节课学到或者能够掌握什么东西呢？"这个老师回答道："嗯……我希望他们阅读课文并且回答课后的问题，这样才能保证他们理解了这篇文章的内容。"

很多时候，一些老师总是犹豫着在不同的教学题目中进行选择，他们花了太多的时间和精力在选择上面，却没有完整地完成一个部分。这不是因为他们懒惰，实际上，他们其中的很多人花费了大量的时间在课程计划上，但却没有任何目的性，这种辛苦的课程计划也就没有任何结果。在上面的例子中，阅读课文和回答问题不是目的，而是活动！而进一步阅读的目的在于让学生们进行预测，然后证实或者推翻最初的预测。这也正如校长所说，在前面提到的这堂课上，你很难发现这种技能被传授或者模式化。相反，如果教学目的得到真正贯彻，那么这将是一节有效率的课程，下面是这样的一个例子。

**一节功效卓著的课**

一名优秀的老师正在用上面一个例子中的那位老师的课文来传授

如何进行预测,然后证实或者推翻最初预测的技能。注意两者的不同,我们这里提到的这位老师并非在讲解课文,而是利用课文来传授一项技能——制定、确认和拒绝预期。在他的课程介绍中,他问学生们最近看过什么电影,然后和学生一起讨论当第一次看一部电影的时候会发生什么——如何猜测接下来会发生什么,随着电影情节的发展来证实前面的猜测或者推翻最初的猜测。这和阅读是一样的。当看到题目的时候就开始预测下面会讲些什么内容,在继续阅读的过程中会不断证实或者拒绝最初的预测。然后,这位老师请大家开始正式的课文阅读。他会每次让学生阅读"一小块"。在学生们阅读的过程中,开始技能练习,时不时停下来讨论他们的预测以及随后预测被证实或者推翻的时候的情况。你能发现前后两个老师的不同吗?后者不仅仅是说"开始阅读课文,然后回答课后问题",他们会带领学生进行技能训练。这位老师通过活动的组织来教授一项技能,带有很强的目的性。但是,为了真正做到这一点,这位老师必须首先清晰地认识到这节课的目的是什么。

最优秀的老师有一些共同点:他们都知道"目的"和"活动"之间的差异,他们基于一到两个目的来进行课程的规划。所有的活动都是植根于既定目标。

同样,在最优秀的老师的课堂上,老师在课堂伊始就会清楚地告诉学生,在课程结束的时候他们应该学会什么,应该掌握什么技能。记住,他们的目标是授人以渔,而并非授人以愚。

制订清晰的目标对于学生的学习是至关重要的。你要时刻清楚已经进行到了既定目标的哪一部分,然后筹划各种活动来完成该目标。

当外科医生走进手术室准备给你动手术的时候,你难道不希望他有一个清晰的计划和目标吗?所以,你应该像一个外科医生一样有清晰的目标。这样的话,学生不仅仅学会"生存",他们更可能卓尔不群。

# 如何组织活动

你知道 *60/40* 法则吗？*60/40* 法则是说老师的课堂讲解和示范只用到整个课时的 *40%* 的时间，而剩余的 *60%* 的时间留给学生进行实践和讨论。现在我们进一步解释。学生的实践和讨论并非意味着随意让他们讨论和课程无关的话题，而教师花 *40%* 的时间用于讲解和示范并非意味着剩余的 *60%* 时间里他们可以无所作为。其实，我们知道在无数的课堂上，完全相反的事情正在发生着——课堂上的表演全部由老师完成，而学生们被要求安静地聆听和学习，除了听没有任何其他的活动。在这样的课堂上，"实践"完全被"听课"所替代，而学生没有任何机会实践听到的内容。其实，他们应该真正得到实践的机会。实际上，这也恰恰是区分最优秀的老师和其他人的一个重要标志。最优秀的老师会给学生安排好充实的学习，学生们所想的全部都是学习实践，没有时间考虑其他不应该考虑的事情。

那么，他们是如何做到这一点的呢？他们怎样使得学生们充实忙碌和富有激情，最终全身心投入到课堂当中呢？答案很简单：为之悉心计划。他们设计问题，让学生回答、思考、分析、比较、演绎。让我们来看一个例子。在周一的时候，你让学生自学 20 个生字表中的生字写下他们的含义，你会听到下面的声音：

——抱怨

——叹气

——"我们只需要写下这个字的第一个意思还是后面所有的意思都要写呢？"

——"要写方言的含义吗？"

相信问题不仅限于以上几个。如果这些问题听起来很耳熟，我衷心希望你不是在自己的课堂上听到学生们的这些提问。下面我们回到刚才这位老师布置的作业。学生们将字典中的条目复制到作业本上，然后交差。然后，这位老师批阅作业，有些学生会在词语解释后面加一个例句，而有些机灵的学生还会在后面再写一句："老师，我在生词听写中写对了'馨'字。"每个生字都如法炮制。从技术上讲，这些学生们都完成了作业。然而，本质上来看，他们根本没有学会这个词。最神奇的事情是，在课堂上学生们并没有真正学会这个字，但在每次考试中都可以回答正确。作为老师来讲，我们告诉学生在周五有小测验，而且测试内容就是这些生词，我相信所有学生都能通过这次考试。但是如果在下周或者更晚的时候突击考试，还是同样的测试内容，那么他们之中的大部分都很难答得像前一次那么好。这充分说明了老师并没有从根本上教会学生，而学生们也没有掌握这些新字词。

那么最优秀的老师是怎么做的呢？他们有"学会法"。

### "学会法"

星期一，你给我20个生词，告诉我周五会测试这些生词

我每晚都练习，拼命学习

周五，我已经准备好迎接考试

正如你所愿，我每道题都回答得非常好

但是，我有一个疑问——即使我问题都答对了

而这些生词根本没有在我的脑海中留下任何印象

你看，我从没有在交谈或者写作中用过这些词

所以我觉得这只是在浪费我们的时间——多可悲啊

所以下次，我不再看生词表，而是开始用这些字词

如果我不这样做的话，我很快就会忘记

我希望掌握我所学过的知识，我希望用真才实学来考试

我希望聪明、机敏而富有智慧，但是智慧是建立在我"学会"的基础上

我真的希望学习并学会,所以请给我机会

注意,正如上面所说,最优秀的老师在"教会"生词。他们永远不会用数量来给学生增加负担。他们并非让学生们简单地重复字词,而是鼓励他们使用每一个字词。

当然,在生词表以外,最有效的老师根本不会让学生死记硬背课堂笔记,不会让学生做大量的重复抄写,或者独立阅读又臭又长的文章,回答课后问题。相反,他们会让学生融入教学中,通过课文来指出存在的问题及其解决方案,鼓励学生们团结协作,将他们的学习讨论结果向全班展示,同时给老师讲解他们得出结论的方式和方法。

他们的课堂总是气氛活跃,学生们融入各种活动当中,进步神速。他们的课堂上没有一秒钟沉闷,而且绝对没有重复,学生们每天都会迫不及待地期待课程开始。

所以,要在课堂上设计一些活动,学生在参加活动的同时潜移默化地掌握知识。

# 有效的课堂教学是什么样的

非常值得注意的是,在我们的观察中,发现大多数有效的课堂看起来都出奇的相似,而低效的课堂也是出奇的相似;同样的,不管我们走到哪里,在有效的老师的课堂里,学生的表现非常相似;而在低效的老师的课堂里,学生的表现也是惊人的相似。我们在这里要把这个问题的现象归纳一下。

我们先看看低效的课堂,看看它们都有什么共同点:

（1）课堂看起来无组织无纪律,到处都有学生随意捣乱。
（2）老师的教学缺乏热情和激情,结果导致学生也是这样。

(3)老师在那里不停地说,学生却很少能听进去。

(4)课堂上没有井井有条的纪律和规范的迹象。

(5)课堂上总是有老师在对学生的违纪行为提出警告。

(6)老师需要经常中断授课,以重新掌握对课堂的控制(注意:我们在这里说"重新掌握"可能说得有点重了,因为老师从一开始就没有完全掌握起对课堂的控制)。

(7)老师总是很被动。

(8)教学计划不清楚,而且经常被打乱。

(9)没有清晰的教学目标。

(10)老师通常是一直站在教室前面,极少在教室里走动(怎么不想想课堂里的"胡闹"行为都发生在哪里呢)。

(11)老师过度地布置作业和使用教科书。

(12)对违纪行为的惩罚缺乏一贯性。惩罚措施的严厉程度往往和老师的愤怒程度直接相关。

(13)老师在学生面前表现出受挫情绪。

(14)教学采用一套死板的模式,不会因材施教。而不幸的是,这个模式往往甚至连一个学生都不适合。

(15)缺乏积极的教学强化措施。

(16)老师极少微笑。事实上,在我们大多数的案例里,老师会表现出讨厌教学。

我们还可以继续列举,但上述归纳所证明的观点已经很清楚了。接下来我们来看一些好的方面,我们看看有效的课堂是怎么样的(我们将采用这样的方式叙述:以下所列的各条跟上面所列的各条一一对应):

(1)课堂看起来很有纪律,所有事情都井井有条。

(2)老师讲课充满热情和激情,学生受到老师的感染也表现出这样的热情和激情。

(3)老师在课堂中通过积极地提问和引导,使学生有很多机会讨论

和练习。

（4）纪律和规范得到有效的实施，学生清楚地知道这些纪律和规范希望他们做什么。

（5）课堂上没有老师对学生违纪行为的警告；如果有人违反了纪律，会有一个一贯性的惩罚方式。

（6）老师不需要中断授课来重新掌握对课堂的控制。

（7）老师总是很主动。

（8）老师会将教学计划写下来，然后按照计划教学，并清楚地知道要做什么。

（9）为学生建立了明确的教学目标，学生心里清楚地知道他们要学什么，他们为什么要学。

（10）老师经常在教室里走动（想想课堂的"胡闹"行为一般都发生在哪里，事实上在有效的课堂里这些行为几乎都不会发生）。

（11）老师极少依赖作业和教科书来教学，课程是吸引人的、激动人心的，学生积极地参与到有针对性的教学活动中。

（12）对违纪行为的惩罚具有一贯性。

（13）老师从来不在学生面前表现出受挫情绪，即使在少数学生违纪的情况下，老师也能冷静严肃地解决问题，老师在任何情况下都能很好地控制自己。

（14）教学能因材施教。

（15）有积极的教学强化措施。

（16）老师经常微笑，并且表现得热爱教学。

这看起来非常简单，你心里现在应该有一副有效课堂的图景了。像那些有效的老师那样做，让你的课堂变成一个有效的课堂吧，你可以做到的。

尝试一下我们给你描述的图景吧，让你的教学变得井井有条。管理是成功的关键。尽你所能去做吧！因为一个懂得组织管理的老师会比那些对学生放任不管的老师要开心得多。

# 怎样建立起纪律和规范

现在我们都已经很清楚纪律和规范的区别了,接下来我们要看看那些有效的老师们是怎样建立起它们的。我们先从纪律开始。

有效的老师只设定很少的纪律,不管在哪里,一般都只有三到五个。以下是他们建立纪律的步骤:

步骤1:确定这是什么纪律。例如,你可以设定这样的纪律,让学生必须在上课铃响之前进入教室。这往往是学校的校规,因为我们不能让学生在本应在教室的时间在校园里闲逛(我们会一步一步地教你这些步骤,一旦你明白了这些步骤,你就可以将它应用在实际中,建立起你自己的课堂纪律)。

步骤2:明确学生违反纪律后的惩罚措施。例如,如果一个学生不能在上课铃响之前走进教室,那么他必须上交一份迟到说明书。当然,这里有例外的情况,如果有别的老师或者教学主管负责学生的签到,那么你可以根据签到记录确定学生是否有两次迟到违规。如果有,那就要把这个情况通知学生的家长了。如果这种违规行为经常发生,那么教学主管就要确定下一个步骤了。请注意,这是一个纪律,因为这里要对付的是一个严重的违纪行为。你不能让学生在本该在你教室的时间在走廊或操场闲逛,是吧?

步骤3:有效的老师会首先和学生谈一下这个纪律及其设立的意图。当然,在这之前老师已经设定好了这个纪律。老师不会只是搬出这个纪律或者用任何威胁的方法去警告他们。相反的,他会通过一次谈话,和学生讨论这个纪律的重要性。老师会通过小心的提问引导学生通过自己的思考来制定这项纪律。对于这个上课迟到的例子,典型的提问和对话是这样的:"我知道,大家都想尽最大的努力学到尽可能多的东西,我向你保证我会尽我所能让你们学好。你们知道,我在乎你们中的

每一个人,我也在尽我最大的努力成为一个最好的老师。现在,我想我们不需要那么多的纪律了。你们觉得呢?"学生一般会同意他们不想要那么多的纪律。接着老师会说:"好吧,让我们试着只要三项纪律。正如我刚才说的,我想让你们今年都能学到尽可能多的东西。你们觉得,对于学东西来说,上课的时候待在教室里是不是很重要的一件事情呢?"学生往往会同意。当然,不排除一些"聪明"的学生会说他不上课能学得更好。这时,老师可以忽略这点将谈话继续进行,或者更加"聪明"地说:"我曾经有一个学生也像你这样想,我让他尝试了一年,结果效果并不好,所以谢天谢地你不用再进行这样无用的尝试了。"然后继续。学生就会说:"好吧,我同意要准时赶到教室,这是一项很好的纪律。"你还可以跟他说,你作为一个老师,上课铃一响起你就对学生的安全负有责任。因此,基于法律的原因,你要你所有的学生在上课的时间内都安然无恙。要注意的是,你说话的方式会决定他们接受这个纪律的程度。

如果校规有不允许迟到的规定,那么你可以告诉学生,你要遵守所有的校规。根据校规所述,如果学生上课的时候不能按时进入教室,那么他们就必须上交一份迟到说明。不管是什么样的惩罚措施,你都必须让学生清楚地明白他们。

步骤4:让学生帮忙为这项纪律措辞,用清楚和尽可能积极的词语来陈述这项纪律。例如:"我们同意我们要在上课铃响之前进入教室。"

步骤5:将这些纪律张贴出来,连同违反纪律时的惩罚措施一起。

步骤6:把这些纪律及其惩罚措施发一份给家长们。

步骤7:贯彻执行并强化这些纪律。

好了,就是这样!那些低效的老师们往往会犯两个普遍的错误。第一,他们设立了太多纪律,并经常和规范混淆在一起;第二,他们不能贯彻执行并强化这些纪律。

说完了纪律的设定,下面我们来说说规范。在我们告诉你有效的老师如何设定规范之前,我们可以给你列一张概括的单子(这张单子并未包含所有的情况)来告诉你,哪些典型的事情需要设立规范:

——如何进入教室

——进入教室的时候要做什么

——怎样上交试卷

——当需要削铅笔的时候要怎么做

——怎样请求允许讲话

——怎样分组

——在小组中要怎样做

——怎样解散小组

——怎样去吃午餐

——怎样走出教室

——在消防演习中要怎么做

——要扔废纸时要怎么做

——考试时要怎么做

当然,如果我们继续列下去,还有很多事情需要设立规范。

这里很重要的一点是,有效的老师不会在第一天上课的时候就设立起所有的规范。相反的,他们会先确定并设立起那些重要的规范。在上课的第一周里,他们会逐渐地每天多设立一些规范。同样还有一点非常重要的,当有新的需求时,他们可以设立起新的规范。

以下是有效的老师设定规范的步骤:

步骤1:向学生们陈述规范,告诉他们遵守规范的重要性。

步骤2:向学生们示范这些规范,确切地告诉他们你希望他们怎样做。

步骤3:和学生一起练习这些规范。

步骤4:当你希望学生遵守规范之前,提醒他们;当他们做得好的时候,经常表扬他们。

步骤5:如果有学生不遵守规范,让他多加练习(正如我们在上节说的那样)。

步骤6:让规范的执行保持一贯性。如果你的规范,是当你需要学生注意的时候,你会举起手来,那就不要通过叫他们安静、请求他们听你说、提醒说他们没在听、开灯关灯等方法来达到这一目的。

记住:纪律必须有一个惩罚措施,而规范没有。如果你能贯彻执行下去,你就会有一个很好的课堂纪律!

# 第三章

# 把学生的利益放在第一位

# 如果你的学生不听话怎么办

在这一节中,我们会和你分享那些有效的老师在学生不遵守纪律或规范时用到的一些技巧。我们先来说一下哪些事情是不应该做的。

让我们先来看看学生不遵守纪律的情况,不要这样做:

——在学生违反纪律之后警告学生

——因为学生违反纪律而让你自己失去控制

——让你的愤怒和挫败感决定学生违规后应采取的惩罚措施

——随意设立纪律

要这样做:

——告诉学生,因为他选择了违反纪律,所以他就必须接受惩罚

——贯彻执行纪律及其惩罚措施

——确保这些纪律连同他们的惩罚措施一起被张贴出来,确保这些纪律和惩罚措施在这之前是和学生讨论过的

而对于学生不遵守规范的情况,不要这样做:

——请求和讨好

——采用空洞的威胁

——惩罚学生因为他不遵守规范

——对学生不遵守规范的行为视而不见

——不能贯彻执行规范

要这样做:

——提醒学生,或者让学生提醒你,要遵守规范
——和学生一起练习这些规范
——在必要的时候带学生私下练习(正如我们在上一节讨论的那样)
——对于那些接二连三违反规范的学生,令规范变成纪律(正如我们在上节讨论的那样)

以下是两位老师分别用有效的和低效的方法来处理同一种情况的例子。

情景:学生正在去吃午饭的路上,有一个学生没有遵守规范(假设去吃午饭的规范是学生应该排成单列安静地走)。这个学生在队列中和人讲话。

低效的处理方法:老师对这个学生讲话的行为视而不见,直到他的声音变得越来越大。老师上前去警告这个学生不要讲话,然后继续和同学们一起走。然而,老师一走开,这个学生又继续讲话了,接着,其他几个学生也开始讲话。老师警告第二个学生不要讲话,那个学生说:"我又不是唯一一个讲话的人。"于是老师说:"一会儿谁再讲话就直接到办公室去!"果然不出一会儿,就有一个学生被揪去了办公室。

在上述这个案例中,这位老师并没有贯彻执行规范。首先,他对学生违反规范的行为视而不见,进而让问题变得更加糟糕。当学生继续讲话时,他给了学生一个警告。很快,问题变得难以控制。接着他采用了威胁。最后,规范终于因为他的挫败而变成了一项纪律。

有效的处理方法:当第一个学生开始讲话时,老师会阻止他并对他说:"噢,难道你忘了吗? 我们去吃午饭的规范是怎么说的?"(注意,老师的话语里没有丝毫的挖苦和挫败,相反的,她的表现就好像只是学生忘记了这项规范而已。)猜猜接下来会发生什么? 这个学生马上不说话了。问题解决了,不是吗? 不仅在这个案例中,在很多情况下都会是这样的。像

上面说的那样,过了一会儿,这个学生又讲话了。这时,老师会把学生拉到一旁,真诚地对他说:"好吧,我觉得你对于记住规范有些困难。不用担心,我也经常忘记东西。我知道在自己的同学面前经常忘记规范是很难为情的,我可以帮你。等一会儿大家都去吃饭的时候,我可以放弃我自己的午饭时间来陪你练习。不用担心,我不会介意的。我只是想帮你好好复习一下这项规范,这样你以后就再也不会在同学们面前出丑了。"老师的话语里没有丝毫的挖苦,他说的就像在帮助学生而不是在惩罚学生。当大家都进了食堂之后,这个老师让别的老师帮忙照看他的班级,然后就去陪这个学生练习规范了。你猜怎么着? 这个学生一试就做对了。老师问:"你觉得我们还需要再复习一次吗? 虽然我已经很饿了,但我还是愿意帮你。"这时学生肯定会说"不用了",然后向老师保证他以后都会遵守规范。最棒的是,这个学生真的以后都会遵守规范了。

在上面的案例中,这位老师做了两件事情:第一,他非常清楚这个规范是什么,当学生违反规范时,他马上就提出来了;第二,当学生第二次违反规范时,这位老师很好地应用了心理学的技巧,让它不再发生。他没有发脾气,相反的,他表现得就好像他真的在牺牲自己的午饭时间,因为他很关心学生在同学面前因为违反规范而"难为情"。你看这并不是很复杂的事情! 这就叫做"比自己的学生聪明"。

当你的学生不遵守你的纪律和规范时,很简单,就是像那位有效的老师那样做:清楚你设定的纪律和规范,然后负责任地对学生贯彻执行它们。

对于纪律和规范的秘密,非常简单,就是知道你要怎么做,然后坚持下去!

# 如何组织课间活动

有一天,一位老师对她的学生说:"我们离上课还有两分钟。如果大家现在可以安静下来,我们可以不做什么事情,好好休息一下。"你猜接下来会发生什么？你觉得学生们真的会保持安静吗？他们当然不会。结果这位老师很不高兴，只好跟她的同事抱怨说："我努力地对他们好，想让他们休息一下，结果他们竟趁机讲话。他们真是太不领情了。唉，现在的孩子啊！"

这位老师把这个故事告诉了我们。他后来认识到了，这并不是学生的问题，也不是老师的问题，这也并不是说你不能对学生好，问题在于，在这两分钟里学生们没有事情可做。你应该意识到，如果你不让学生（不管什么年龄）做些什么事情，他们自己会找事情来做的。

这个故事要告诉我们什么道理呢？像有效的老师那样去做：永远不要让你的学生没事可做，要总是让他们有事可做，这叫做课间教育。你让学生越有事做，他们捣乱的时间就越少。同时别忘了，你让他们越有事做，他们就能取得越好的成绩。

学生在空闲的时候不是在睡觉就是在捣乱。请注意，我们这里说让他们忙起来，并不足说你要给他们布置一大堆练习，或者让他们去阅读很多章节的课文，或者让他们去解释整个生词表。这些功课会让学生感到很厌烦，因为他们不知道为什么要做这么多功课（我们会在另一章里讲述这个问题）。当学生不知道做作业有何意义时，他们就会回到休闲状态，他们就会不是睡觉就是捣乱（而后者往往是孩子们更愿意做的事情）。

课间教育是指你带你的学生在课间做些有意义的活动。如果有一天，当下课铃响起时你的学生对你说："准备好了吗？"那么你就成功了。学生会在这些有意义的活动中忘记了时间，当然你也同样会的。

有一句格言是这样说的："当你飞跑的时候，时间就会飞跑。"同样，我们也可以说："当你忙于有意义的事情时，时间就会飞跑。"

让弦子们一直保持忙碌，让他们没有时间捣乱。学习的热情会高涨。学生的知识会增长，而你会发现，课间时间会在不知不觉中飞跑！

# 怎样让学生积极参与

也许学生积极参与这样的术语应该换成学生意向参与。让我们解释一下。在给定的教室里,只要学生到了,就有学生积极参与。但是,在别的教室里,学生积极参与到白日梦中,积极参与到睡觉的行列,积极参与到关于最新护发技术的讨论,积极参与实践最新的护发技术(你可以想象到了)。我们坚信,这样的积极参与,教室中发生的一切根本不符合老师的意图。

所有老师都愿意看到学生积极参与到有趣的、有的放矢的学习中。那为什么在其他教室,这种情况不能成为一种常见的现象呢? 原因在于不是所有老师都在做最优秀的老师做的事情。这就是我们写这本书的目的——跟所有老师分享最优秀老师的成功经验。所以,考虑到学生积极参与,最优秀的老师设计课堂活动让学生参与到每堂课的每一个环节。是的,学生做该做的事情,这就是意向。学生积极参与既不是巧合,也不是受人欢迎的惊喜。

那么他们是怎样做的呢? 最好的老师针对学生设计特别的问题;他们真正参与到学生的问题中;他们确定学生怎样将生活经验与新教的技能联系起来并加以理解;他们设计活动,促使学生思考、推理、分析和提问,直至明白。

说明:学生积极(意向)参与不是仅仅保留在小学教室中! 学习是一个积极的、没有年龄限制的过程。但是,正如我们经常在教室中看到的,年级越高,学生积极参与程度越小。这是一个错误,就像为了让学生为大学生活做好准备,我们要让他们接受大量的告诫和阅读大量的书籍,这也是不正确的。当然,也不是说所有的中学老师的教室里都缺乏积极和有意向的学生参与。需要指出的是,从小学到中学,太多的教室非常缺乏这样的参与。再一次强调,这是区分最优秀的老师和次优老师的一个重要因素。

进入一个好老师的教室,你很难看到学生静静地坐在那里做繁重的作业。与之不同的,你可以同时看到兴奋、质疑、解惑等等表情。相反,在次好的老师的课堂上,气氛总是很沉重,整个教室死气沉沉。有些时候,老师指责学生缺乏积极性和教材不太生动:"这些学生不能太活跃,他们争论、说话,局面将完全不能控制",或者"我不能使课堂生动是因为课题的原因"。

好吧,让我们的理念变成事实,站在理性的角度,这些老师的课堂严重缺乏学生的积极参与。

哦,关于积极性的缺乏,我们应该增加另外一种解释:"我就是这样学的,我靠它生存!"想想这个:很久以前,麻醉剂包括子弹和威士忌!当然,这在当时并不是错误和糟糕的事情,因为找不到更好的方法。但是今天,如果你拿着一颗子弹和一瓶威士忌进入手术室,你将毫无疑问地被驱赶到大街上。这是因为你知道还有更好的办法!教育同样是这样,我们知道有一条更好的路!

# 怎样将教学和考试结合起来

大多数优秀老师的一个恒久秘诀是他们只考他们教的东西。重复一遍——他们只考所教的东西,为了保证所强调的方法成功,他们其实只根据所教的方式来考所教的东西!这看起来似乎太简单了,但在事实上并不是所有的老师都根据所教的方式来考所教的东西。

首先,让我们讨论怎样考试我们所教的东西。试想一下你是一个学生,星期一,你开始读一个新故事。整个一周,你注释老师布置的词汇,静静地读故事,你的课程被重复的阅读所困扰(其中,整个故事都通过口头阅读),你回答问题,讨论这个故事等等。问题:老师教了什么?你学到了什么新的阅读方法?让我们从辩证的层面上说,你已经被教授了确定所读材料中心思想的技能。当然,你的考试在星期五。在星期五的考试上,你正确地将单词跟它们的定义匹配起来,你回答了诸如以下的问题:谁是故事的作者?故事发生在哪里?谁是主人公?主人公遇到了怎样的麻烦?这些麻烦是怎样解决的?

因为你整周都在学习笔记,记住各种提问和回答,你记下了这些答案于是获得比较好的成绩——好到可以在阅读测试中拿 A。但即使你是一个糟糕的阅读者,你是不是也可以通过加倍努力获得很好的成绩呢?换句话说,阅读测试并不能测试出真正的水平。这是一个记忆测试。在文章的哪个地方你得到中心思想呢?是不是应该通过阅读陌生的文章来表现你的技能?

教科书上的文章是为了帮助你通过练习获得新的阅读知识,但是用相同的文章进行测试不能使教学和考试相一致。当然,这里只有一个例子,但你明白了这个理念。事实上,很多老师"考试"阅读,但却没有真正测试阅读的技能!

现在来讲教学测试方法。一个老师给他的学生一些词汇去记忆。这个学生在字典中找到单词的定义并且记录到笔记本上,之后复习老师给的单词定义。然后在考试中,要将每一个词都应用到句子中。当然,很多学生在考试中没有获得好成绩。能从中悟出什么道理吗? 可见,课堂上不曾应用过这些单词。定义只是单纯的记忆,老师假设学生们只要记住了单词的定义,就可以将他们的知识变成真实的应用。这是一个大错误!

如果你希望你的学生在考试中做什么事情,那么平时就教他们怎样去做,跟他们一起练习,让他们在你的监督下练习,然后根据他们练习的方式测试他们,不论教给他们什么,都可以根据所教的方式进行测试。一言以蔽之,这就是优秀老师跟其他老师的区别。

根据下面的方式进行思考:如果你上游泳课——目标当然是能够学会游泳——你和你的同学坐在游泳池边,定义好所有的游泳词汇,听游泳课程,阅读游泳的章节,回答游泳章节后面的问题,然后观看老师游泳示范,看游泳录像,学习所有的笔记并记住,考试的时候,要求你真正游泳,你能做到吗? 注意,即使你的老师每周都讲游泳,每周都教游泳词汇,教每一个招式的名称等等,然后做真实的示范,你考试的内容和你所学的内容也会有差异。教游泳的规则和术语不等同于真正游泳,这就是为什么学生在有些老师课堂上每天都呛水的原因,所以记住:

使教的东西和考试的东西相一致,你将从学生身上得到最好的成绩!

# 怎样确定合适的教学进度

该章节将告诉你如何使你的课堂拥有既高效又恰当的节奏。校长

告诉一个新老师,她需要提高教学速度。下一次,校长发现这个老师在课堂上说话如此之快,以至于学生甚至校长都无法听清楚她在讲什么。谢天谢地,校长意识到发生了什么,及时指出他所说的提高进度指的是什么。当然,这不是指你要加快说话的速度,指的是你的课堂活动需要进展顺利使学生积极参与进来,不至于出现停顿。当一堂课提高进度,事情进展顺利,学生积极性就高,不会出现沉默或者无事可干的空白时段。当所有的事情都进展顺利,你可以感觉到它的流畅性。

甚至最优秀的老师都会告诉你,这种技巧需要练习。但是一旦你找到了把握课堂节凑的秘诀,这些对你来说将变得得心应手。

下面是一些提示,它们可以用来衡量你的课堂节奏是否合适:

——学生们感兴趣

——你的声音听起来充满激情

——你在教学的时候真正感受到激情

——当你从一个活动转换到另一个,不至于由于转换过快使你的学生不知所措

——如果学生不明白,你应该立刻做一些重复

——从一个活动到另一个活动的转换要具有条理性

——时光飞一般流逝,你的课堂无比充实,直到下课铃打断它

——学生看上去明白你在教什么

相反的,这里有一些迹象警告你,你的课程进度太慢

——你注意到学生枯燥、空虚和厌烦的目光

——甚至你自己也感觉到枯燥

——课程像是被拽着前进

——学生在活动中缺乏热情

——教室里的空气感觉凝重

——学生看起来像在睡觉(至少看起来是这样的)

——你的头挺起来,忽然感觉到尴尬和窘迫。好消息是没有谁注意到,因为,他们也睡着了

127

你会感觉到练习加速了你的课堂节奏。必要的话可以将自己的课堂进行录音。但是判断你的课程进度是否合适的最好方法是观察你学生的表情。

他们将让你知道是否进度太慢,在他们的脸上将有空白的地方。如果你进度太快,他们将出现沮丧的情绪,但是只要使速度合适,你将看到他们聚精会神。他们的表情告诉你一切,所以看着他们,你会看到你的课程是否进度合适!

# 怎样向别人传授技能

最优秀的老师知道如果你要向别人教授技能,你必须在新技能和学生的现实生活之间建立联系,教授并且示范新的技能,跟学生一起练习新的技能,让学生自己尝试练习这些技能,并且一遍又一遍地复习,根据需求给他们尽可能多的指导。这不是新观点,也不是高科技,它的有效性被一次又一次地证明。虽然有些老师不根据这些简单步骤进行教学。但是,这确实是区分最优秀老师和其他老师的一个决定性因素。

这是最平凡而朴素的道理:

第一步被称为介绍。预先设定和确立工作重点等等。我们怎样称呼它无关紧要。这是确保学生的专注度和联系所教技能跟他们现实生活的关键之处,于是他们才会产生学习这些东西的欲望。这需要通过很多互动和讨论,与老师仅仅帮助学生进行阅读和告诉他们为什么需要这种技能恰好相反。

接着,你将真正教授新技巧。同时请不要忘记对学生示范该技巧,教学所包含的东西比单纯传授多得多。

你教授这些东西后,跟学生一起练习它。我们中的大多数人都知道这是一种指导练习,老师和学生一起练习。这是对的,老师指导学生,确保他们理解正确。在该过程中,你可以很好地意识到谁理解了,而谁还存在困难。如果所有人看上去都有困难,你将知道:我需要马上重新教一遍。如果大部分人都明白了,你可以进入下一个合适的环节,让他们自己尝试新技能。这时候,你可以在他们单独练习的时候进行监督,或者你可以对于那些不能独立进行练习的少部分学生给予更多的指导。

当然,不要忘记复习所学的东西。怎样能够做到这点呢?我们一直建议设计一些活动,学生可以在其中告诉或者展示他们学到了什么,这跟由老师告诉他们学到了什么恰恰相反。

这就是如何向别人传授技能。可以应用到教某些人驾驶、滑冰、游泳、系鞋带、写短评、模态分析、图表语句、如何跟上科学方法进度以及一切别的东西。

再次强调,它不是高科技。假如,你的孩子将要去夏令营,你知道他将要学习怎样应用数学,你想要在别人教他之前,先教他一点东西。此时,你做如下行为是有意义的,你坐在你孩子身边同时(1)告诉他将学习什么以及将为什么要学这些东西,并且告诉他将要在夏令营里面学习数学,所以你先教他;(2)事实上教他学习数学,不是告诉而是示范该技能,并且讨论什么是正确应用数学,而什么是不正确的应用等等;你将(3)指引他并且首先握着他的手同他一起练习,一旦他在你的指导下取得了足够的进展,你将(4)让他在你的监督下自己进行技能练习,最后(5)作为结束,复习并且讨论你们所学的东西,让他再一次展示他所学的东西。这是既简单又有效的教学!其中没有可以被去掉的步骤。

在教室里面应该一视同仁,但是相反的情况经常发生。老师让一两个学生出来,或者让学生在没有老师正确指导的情况下独自练习新技能,或者他们"告诉"学生这些事情应该怎样做,但是没有真实的示范——这是优秀老师和一般老师的重要区别。最优秀的老师在任何时候都遵循所有的步骤。

介绍新技能,获得我的关注

这可以提高我的学习意向

然后告诉我它的一些情况并且示范

示范给我看,可以平息我的恐惧

当我尝试这个新技能的时候单独指导我

帮助我达到顶峰

然后让我独自尝试

但是不要走远以致你看不到

一旦我掌握了它,你已经给我打开了这扇门

现在让我们更多遍地复习它

# 怎样改变学生的学习态度

在一个理想的世界中,所有学生都充满学习的欲望,对我们所教的任何东西都充满热情,对生活和学习的态度积极。但是正如所有老师所知,这不是现实情况。有些学生在我们看来态度不端正,他们总是威胁到教室里面积极的气氛。当然,这就需要优秀的教师发挥自己的魔力。

让我们一起跟迈克尔(一个肩上穿着大背心的学生)进入他的两个课堂,你会看到哪个老师在教迈克尔时能取得更好的效果。

### 甲老师

迈克尔进入一间气氛很糟糕的教室。老师看到他一脸失望的表情,把他拦在门边说:"迈克尔,你看起来正在为什么事烦恼,我能帮助你吗?"迈克尔告诉老师他烦透了休假的时候被别人打搅。老师说:"我能明白这件事情让你很郁闷。如果你愿意,当所有人开始他们的学习的时候,我们将对这件事情做更多的交谈,我保证我将尽我所能帮你解决这个问题。现在,我非常希望你能安静地回到你的座位上直到我们有时间进行交谈。谢谢你,迈克尔。"迈克尔一下冷静下来,静静地走向他的课桌。他知道有人关心甚至愿意帮助他。

### 乙老师

迈克尔进入一间气氛很糟糕的教室。老师看到他一脸失望的表情,于是大声说道："不要把假期发生的不快带到课堂上来！"迈克尔大声地回敬说："我烦透了休假的时候被人打搅！"老师说："如果你继续这样，我不会责怪他们打搅了你！现在安静地坐到你的座位上。我不想再听到关于它的任何事情。"迈克尔冲到他的座位上，把课本扔到地上。于是老师说道："年轻人，立刻把书捡起来。你不能在我的课堂上为所欲为！"然后迈克尔说了一些我们不愿转述的话，就被送到了办公室。

好了，如果我们告诉你哪个老师对迈克尔的行为更加正确，将是对你智商的侮辱。我们只是想举例说明老师的态度和方法不同，可以决定是激发矛盾还是消除矛盾。

记住，我们充当的是榜样的角色，我们的责任是做好榜样，而不是火上浇油。毫无疑问的，我们的态度将对学生产生不可估量的影响。在冷静克制的老师的课堂上，学生往往冷静和克制。不是说世界上的迈克尔总是不够冷静和克制的（我们也不想被打搅，这种感觉不好受），但事实是，负面的态度从来只能得到负面的回应。

学生在不停地注视我们。他们在我们身上找到线索。他们注意我们做的所有事情。当你剪了头发，换了香水或者外套，他们不正在注视你吗？他们确实在关注我们，他们倾向于模仿我们的语言，我们的举止，我们处理各种问题的方式。你马上会感受到，如果学生总是在关注你，等于给了你很大的挑战。我们要求你走进教室的时候问你的学生："你们可以学我吗？"他们不止会这样做，而且会做得很好！他们可以像你一样走路，像你一样说话等等。你试试就知道了。我们可以向你保证！

因为学生会注意到我们的一切事情，我们必须特别注意以确保他们看到我们总是用积极的、正确的方式去解决任何问题。这是否意味着他们会一直用积极正确的方法来解决自己的问题呢？当然不是。请记住，他们是学生，我们是老师。

学生越冲动，作为老师，我们对待他的时候应该更加自我克制。这是容易的事情吗？不是。这是有效的行为吗？是的！

# 做态度最好的教员

在你阅读之前,请回答以下问题:"谁是教员组中最积极的?"在你的脑海中冒出某个名字的时候,不要接着往下读。好吧,真正关键的问题出现了:是不是你的名字? 如果是,为什么? 如果不是,又是为什么?

整篇文章(以及整本书)中,我们讨论了态度积极对一个人,以及学生、家长、同事和其他人的重要性。最优秀的老师明白,想要像他们那样优秀,必须培养积极的态度。他们必须被学生看来是快乐的人——拥有很好心态的人。

你读过下面的书籍吗?

——负面思考的力量

——怎样丧失朋友和侵害他人

——你不能,所以试都别试

——你可以有一个失败的心态

——如何说明你失败的原因

你读过吗? 当然没有,因为它们根本就不存在,大部分人也不会去读这样的书籍。那么怎样才能使别人在问到谁是最积极的职员的时候,你总是能不假思索地回答:"是我"? 秘诀就在这里:成为职员中最积极的。控制你的态度。给你的学生他们值得拥有的东西——积极的角色榜样! 你不能控制别人的所作所为以及他是什么样的人,但你总能被你自己和你的态度控制。

最优秀的老师是怎样保持积极态度的呢? 这里有一些告诫:

——"我没的选择。没有积极的态度,我不能成为好的老师,而我

想成为好老师。"

——"我知道启发我生命的老师都是态度非常好的人,所以在我教学的时候,我努力模仿他们的态度。"

——"我非常相信积极的态度是可以相互感染的,我尽我所能以我的态度感染我的学生和同事。"

——"我曾经失去过那些态度不积极的学生,我意识到学生的态度越消极,我的态度必须越积极。这不是简单的事情,但是很有效,所以我要坚持下去!"

每个人都可以改变现状。改变你的态度,等学生回忆你的时候会充满感激。

# 请不断提高你的专业素质

**总是学生**

博士去上学

然后获得一个学位

但是我们希望他们继续学习

作为老师,我们为什么不能呢

我们怎能停下来不再学习

一旦我们获得一个学位

仍然有太多的东西可以学习可以做

去发现和了解

如果我真的是一个老师

就像我宣称的一样

那么我一直都是一个学生

需要接受教育的学生

　　优秀老师和不优秀老师之间的一个重要区别是,优秀老师从来不停止提高自己专业水平的努力,他们一直都在锤炼自己的技能并尽力提高教学质量。是的,一些人努力获得学位,一些人努力获得证明,他们的努力都不会浪费。即使你把整个职业生涯都投入到教师行业,而从不申请什么公职,也不存在一个素质过高的老师。就像医药一样,教书也不完全是一门科学。作为一个教育工作者,我们不停地学习和寻找一套更好的教育方法。我们还没有完善它,并且以后也不太可能使之完善。但这不是我们不去完善自己的原因。我们完善自己是为了完善自身,让我们掌握更好的技能来完成自己的事业。

　　你一定听过有些老师可以数年头混日子,甚至数分钟直至退休。想象一下,你将要去做重大的外科手术,你听到你的外科医生说:"我知道有一种更好的方法做这个手术,但我只有一年就要退休了,我对这项工作已经感到厌烦甚至恶心。"如果你从手术室生存下来,他做的事情将对你今后的健康产生重大的影响,你是否还会让这个医生给你做手术?当然你不会!那么作为教育工作者,为什么我们只是冷眼旁观那些欠优秀的老师数着年头、日子和分钟一直到他退休的那天?

　　现在你说让欠优秀的老师完善自己是政府官员的事情,从某些方面来说这是对的。事实上,我们有同样的体验,这些老师只是被迫去做他们该做的事情,所以对专业水平的提高毫不关心。但是,优秀教师超越了自己该做的事情。这并不是意味着要你非得不断地疯狂学习新的课程,为新的证书工作,而忽略了家庭生活。不是所有优秀的老师都做这些。他们在工作中坚持不懈地、稳步地和合情合理地提高自己,一步一个脚印。他们这样做是因为认识到了其中的意义,而不是校长逼迫他们去接受新的课程!

　　这里可能又出现了一个问题,如果你遇到令人厌烦的报告材料怎么办。这是又一个合理论点,因为我们每个人在教学生涯中总会时不时地碰到这个情况。但是最优秀的老师即使在这种情况下,也知道怎样提高自己。他们是这样做的:他们真正学习这些厌烦的材料并且标记那些使报告难做的地方,然后他在教室里表现相反。是的,在给一群成年人做

报告或者在教室里教一群学生的时候,知道什么不要做跟知道什么应该做是同样重要的。保持高效率的唯一方法是不停地学习怎样达到高效率! 所以对所有能使你成为更好的老师的任何事情都要留意。

继续你的学习,因为事实上你永远都是一个学生!

# 让专业的"血液"流淌全身

### 我流淌专业的血液

我流淌专业的血液,但是我不需要医药护理

该血不是红色的那种,而是另外一种形态

在这种形态中我是一个榜样的角色,我的血液流淌到

每个学生身上

从我这里,我希望你能够学习敏锐力、实践能力

和细心谨慎

我所做所说都在他们的审查下

因为我所做所说的所有东西都会影响他们

我的同事也在观察我——我被置于显微镜下

他们在等着看艰苦的情况下我的反映和措施

所以我谨言慎行,注重穿着以及脸上的表情

一个人的专业水平决定他是开辟路径还是断送事业

上面的诗句概括了一个优秀老师的特点。他们流淌专业的血液——跟医药毫不相关,这种心理总是很难做到。本章的第 2 节讨论了"陷入"的诱惑是很大的。教育有时是一件令人沮丧的事情,所以跟其他人交流沮丧经常充满吸引力,这就是为什么教师休息室从来不是一个枯燥的地方! 越枯燥,他们越容易倾向去那个地方。如果你忽略专业意识将会发生什么情况呢? 我们要告诉你,你一旦放开它,你将失去它。

你失去了你的专业素养同时也失去了内行的尊敬,所以一旦你丢掉了它,将很难再找回来。一个更好的解决方法是,不管付出什么代价,在任何地方你都应该保持你的专业意识。不要让沮丧偷走了你的尊严和专业素养,无论它多么具有诱惑力。

"专业女士"已经任教多年,但还是第一次在这所特别的学校教书。在她的第一节课上,她受到了 warnYa 女士的热烈欢迎,WamYa 女士总自认为是女主人,告诫所有人谁是这个课堂上糟糕的学生。很快,她就跟专业女士搭讪,看着她的花名册介绍坏学生们的情况,包括他们的背景、家庭住址、坏习惯、以前的劣迹等等。她非常喜欢传这些闲话,这些信息只能给别人造成伤害。WarnYa 女士有一个双胞胎姐妹在专业女士原来的学校,专业女士立刻意识到她们的相同点,于是说了一番我们认为是非常天才或者非常专业的话:"WarnYa 女士,非常感谢你向我指出这四个学生。看起来你对他们的生活状态非常感兴趣,因为咱们都是老师。你刚刚指出的这些学生,因为他们是最需要我的人,所以我承诺我将更好地、更细心地教这些学生。再一次谢谢你好意让我知道那么多东西!"

这不是很好吗? 不消说,WarnYa 女士疑惑地结束这场谈话。确实,最好的老师总注重自己的专业素质。他们为之流血! 不管别人说什么,不管有的时候他们会感到多么沮丧,他们总知道按如下准则行事:如果你称自己是内行,那么在从事专业的时候,你必须体现出专业素质。

# 将学生的利益放在第一位

在写这部书的时候,我们比较了两个规模、人口、地理位置等等都相同的学校。唯一不同的是学校的老师。一个学校因为拥有很多优秀教师而享有盛名,另一个则恰恰相反。毫不奇怪,这个学校中学生的成就跟另一个学校中学生的成就差别很大(我们不需要再告诉你哪个学校的学生拥有更高的成就——这简直是侮辱你的智商)。我们查阅了相关书籍，并由此我们总结出如下结论：

——好学校的老师更注重自己的风度，体现在教学时的语气，说起别人时候的语气，当然还有他们对待孩子的方式。

——好学校的老师书写详细的课程计划，但是差学校老师的课程计划只包含一个列表，除了活动在书上的那一页外，不能提供任何别的信息，所以实际上只是一张工作安排表。

——好学校的老师只是把教材当做一种资源，但是差学校的老师在所有问题上只依赖教科书。

——好学校的老师在一起备课，并不只局限于一本教科书。他们根据学生的需求来确定教学，但是差学校的老师每天都把精力花在同一本书上。如果学生们学习教材，当然是好事，但是如果他们不学习，那就糟了。

——两个学校之间评估学生的方法差异很大。好学校总是全面真实的评估，所以学生在考试中真实展示了自己的学业水平，显示了他们的知识和思考能力。差学校的评估仅仅包括判断题、多选题和填空等形式的问题。老师承认这样的考试节约时间，可以很容易地给分。

——好学校里面，每门课都教写作，而差学校里面写作只是语言艺术老师的任务。

——好学校的老师不断通过有效的方法训练学生，但是差学校只是通过从任务到任务的方法希望学生获得大的进步。

——好学校的老师对所有学生都很了解，差学校的老师对学生一知半解，他们总认为学生是坏的。

——好学校的老师花更多精力在教学上，而差学校的教学方法则机械死板（老师讲课，阅读课文，每章完了回答问题，完成作业，定义词语等等）。

——好学校的老师用冷静、克制的方法处理纪律问题，有的时候根据当时的需要处理纪律问题；差学校的老师在处理纪律性问题时往往失控，经常要把学生带到办公室处理问题。

——差学校的纪律问题比好学校至少多出5倍。感到惊奇吗？

通过采访两个学校的老师，我们发现有件事情区别明显。好学校的老

师把学生摆在首要位置,他们愿意更加努力工作并且做所有能使学生获益的事情。被采访到的差学校的教师中,没有一个愿意把学生摆在首位。没有一个人! 大多数差学校的老师抱怨学生,在为什么学生成绩进步太小的问题上为自己开脱。他们同时抱怨家长、政府官员,以及学校的伙食。

由此我们得出结论发现:好学校的老师每天都在实践着七个秘诀,差学校的老师却不这样做。简言之,好学校的老师做决定时把学生放在第一位,相反的做法对老师来说则是最简单的事情!

那么你怎样保证你的决定是基于让学生最好的考虑而不是让自己更省心呢? 很简单。你按照以下方法做:做每一个决定时,你都问自己:"这个决定是为了让学生更好还是为了让自己更省心呢?"这就行了。

如果你基于学生的利益来做决定,他们会如你所愿,攀登高峰,手摘星辰!

# 怎样使学生们保持自律

最优秀的老师们有一个心照不宣的秘密:他们几乎没有维持纪律的问题。当然,他们也面临着纪律问题的挑战。你看,只要有学生存在,就永远会存在纪律问题。然而,最优秀的老师绝不会允许这些挑战转变为问题。我们发现他们有两个共同点:

——他们都有详尽明确的纪律规定。
——他们不断地加强和践行这些规定。

听起来很简单? 是的。这些老师不会让事情变得复杂化。他们在最开始都会设定一个计划。尽管他们的计划也只是包含一些规则,每个规则都会对应一项惩罚措施——非常明确、详尽、合适的措施——一旦规则被打破,就必须承担后果。学生们事先知道这些,他们知道老师规定他们遵循这些规则,而且要始终如一。

一个老师这样说道:"学生们希望有规则存在。他们希望确切地知道他们在每个老师的课堂上可以做什么,不可以做什么。所以我会在课前告诉他们,让他们知道我是一个言而有信的人。这样的话,我就可以按照计划行事。我让学生们一起制定规则,然后,当某个学生破坏了规则,他很清楚地知道会有什么后果。而我也绝不会姑息。我只是简单地提醒他,他违反了规则,就必须承担后果。这让我免去了很多头疼的事情。我拒绝和学生争论以及讨价还价。他们所要知道的就是,我是专业精神,我对他们负责,我要始终如一。"

另外一个老师和我们分享了下面的故事:"我只有四个规则,但是我对其贯之以始终。关键是制定规则的时候要非常理智和平静。其中一个规则是,任何学生都不能够取笑他人。我向学生们解释取笑他人之所以被禁止是因为我太在乎他们之中的每一个人,因而不允许其他人取笑。如此,我得到了他们所有人的支持。当一个学生取笑另外一个的时候——而这确实经常发生,我平静地采取惩罚措施。没有慌乱,没有讨论,没有压力。而这确实奏效,我现在没有被纪律的问题所困扰,这不是因为我教的学生多么优秀。每个人都想知道我是如何做到的,我告诉他们我的全部做法。真是想不通,很多老师居然不按照我的方法去做!"

通过观察前面两位老师,以及其他我们认为最优秀的老师,我们还发现他们都是非常优秀的课堂管理者。正如在秘密二,第二部分和第三部分所谈到的,有着最好的管理计划的老师们几乎没有规则,因为他们完全可以依照流程进行控制。他们虽然没有规则,却循序渐进、始终如一地按照计划行事。

所以我们鼓励你向最优秀的老师学习——执行一个规则然后对其持之以恒。当他们犯错误的时候不要和学生争论,因为从来就没有必要和一个学生争论。

那么有没有底线呢?

如果规则被违背,不要恶语相向,只是按照你的计划,坚持你的计划,然后纪律问题自然会无影无踪。

# 怎样给学生他们想要的和需要的

优秀的老师们和我们分享了一个秘密——如果你想知道一个学生想要什么和需要什么,那就直接问他!

所以我们从这种方式入手,直接询问学生,他们心中理想的老师应该是什么样子。我们采访了从幼儿园到高中的学生,不出意料,他们的答案是如此的一致。以下是学生们希望从老师那里想要的和需要的。

——学生们希望老师对他们更加和善,时常面带微笑。
——学生们希望老师更加关注他们。
——学生们希望老师更理解他们。
——学生们希望在困境下,老师可以伸出援手。
——学生们希望老师更加耐心。
——学生们希望老师公平而且言行一致。
——学生们希望老师都真正热爱本职工作。
——学生们希望老师们值得信任。
——学生们希望老师更了解他们。
——学生们希望老师信任他们。
——学生们希望老师的课堂都充满着乐趣。
——学生们希望老师不会让他们当众出丑。
——学生们希望老师引导他们实现自我提升。
——学生们希望老师在成功的路上助他们一臂之力。
——学生们希望老师永远不会放弃学生。

当然,学生的期望不止于此,但从以上的几条我们可以看到学生们的所思所想。让人感到奇怪的是,许多老师从来没有询问过学生想要什么,需要什么,期望从课堂上学到什么。随之而来的许多纪律问题就会摆在这些老师的面前。

如果你问学生,他们需要什么,想要什么,你一定会听到上面所罗列的这些内容。只要你去问他们,就表明你在乎他们,而且愿意倾听。这并不是说你一定要满足所有孩子的需求,这是不现实的,但是你可以对他们的想法心知肚明。你可以问一个 5 岁的孩子和一个 18 岁的孩子,你会发现他们的回答是如此之相似!

好了,现在我们已经知道学生们的需求,那剩下的就全看你了。根据你的具体情况,可以将上述的列表进行改进和完善,转化为你课堂上遵循的"教师信条"。它可能是下面的形式:

**我对你的承诺,我亲爱的学生**

——我保证会更加和善,多多微笑。

——我保证关心你们中的每一个人。

——我保证理解你们。

——我保证在你们遇到困难的时候,一定伸出援手。

——我保证更加耐心。

——我保证公平,而且言行一致。

——我保证会热爱教育事业。

——我保证值得你们信任。

——我保证从不对你们叫喊。

——我保证我会了解你们每一个人。

——我保证信任你们每一个人。

——我保证课堂充满着乐趣。

——我保证不会让你们当众出丑。

——我保证引导你们实现自我提升

——我保证竭尽全力助你们成功。

成为每一个孩子都期待的老师吧,要让你的教室使每一个学生轻松

141

愉悦。

# 怎样发现每个孩子的优点

有句老话"自信才能成功。"这句话在课堂上也是成立的,最优秀的老师充分利用这句话。最优秀的老师知道,当孩子们对自己感觉非常好的时候,他们往往不会犯错误。那怎样才能使孩子们自我感觉良好呢? 你可以尽可能找到他们的优点,赞扬他们,仅此而已。但是如果你不能找到某个孩子的优点呢? 那么请睁开你的眼睛,每个孩子必然会有自己的优点。

作为老师,我们要学会发现问题,分析问题,找到解决问题的办法。这是没有错的,除非你关注的仅仅是问题本身。你可能会成为本章第四节所讲述的愤世嫉俗的老师。因为事实是,老师们更加善于发现学生的问题,而不是学生们的优点。

你记得大学的课程讲解过如何发现学习或者行为问题,或者清晰表述这些问题吗? 我们都上过这些课程,而且确实受益匪浅。但是你记得这些课程讲过如何发现学生好的行为表现和学生的成功吗? 答案是否定的,你不记得上过这些课程,因为学校没有设立过这些课程。然而,最优秀的老师,尽管也没有上过这些课程,他们依旧很擅长发现学生的优点。他们不断地发现和鼓励学生身上好的行为习惯,自然而然,这种努力得到了回报。

一位优秀的老师告诉我们:"我每年做的最为重要的事情就是尽可能地了解每一个学生——他们的兴趣、他们的天赋、他们的爱好等等。我只有一张很简明的关于学生兴趣爱好的表单,但是这可以帮助我和学生找到话题,而且我们可以谈很多。我的学生慢慢了解我,我也逐渐了解我的学生。我总是惊奇地发现我的学生如此的多才多艺——有些是艺术家,有些是音乐家,有些是机械师,有些是学术人才,有些是哲学家——他们都才华横溢。有一些我不知道他们的潜力在哪里,那么我的责任就是帮助他们来发现自己的潜力。"

我们观察的另外一个老师使用了她称之为"谢谢你"的方法。该方法是这样起作用的:她每天都不断地使用"谢谢你"的字眼,从学生们进入教室到他们离开。她从心底里谢谢他们可以每天来上课,所以她每天在门口跟这些学生们打招呼。她用以下的步骤来谢谢他们。当发现一个学生由于家里的事情而闷闷不乐,她便对这位刚刚进门的学生说:"谢谢你把家里的烦恼带来。我知道你为什么不开心,而且我也知道不把这些不开心带进教室有多难。所以想提前谢谢你,因为你确实没有把不开心带来。真的感谢你。"这位老师前瞻性地发现这位学生的优点。

优秀的老师不会以学生们现在的表现来为其下结论,他们看到的是学生们将来会成为什么样的人。每个孩子内心都有优点,只不过有的时候需要更深的挖掘才可以发现这些不在表面的优点。

现在拿出你的铲子,

清扫蛛网和灰尘,

你将会为自己的发现而惊喜不已,

每一颗心灵、每一张面孔后面都有独特的优点。

# 怎样让你的好情绪感染他人

有一个说法是:我会记得有两组老师——极其优秀的一组和极其糟糕的一组。

请花点时间来回忆你听过的最好的老师的课是什么样子的。你可能会惊讶于你可以回忆起的关于那节课的内容,你可能会回忆起一些同学,回忆起教室是什么样子,回忆起一个或两个令人兴奋的活动,或者可能仅仅是一些每天的例行公事。但是即使你不能回忆起这些,你一定还记得你对这节课的感觉,而且,你会牢牢记住这位老师——为你的生活带来欢笑和成功的老师——当你阅读这些文字的时候你仍然会想起他(她)。

现在我们回忆一下你所经历过的最糟糕的老师。你现在还有感觉吗？还记得你或者其他同学是被怎样对待的吗？那位老师在的时候你有什么感觉呢？还记得这位老师每天在课堂上的尖声怪调吗？还记得这位老师可怕的嗓音吗？

好了，我很同情你。我们不是有意让你血压升高，但是我们需要比较他们的不同。所有人都有过喜爱的老师和痛恨的老师。爱或者恨都来自于一个人——老师。很自然的，在最优秀的老师的课堂上，兴奋是可以传染的。正如一位优秀的老师所说："作为一个老师，我的情绪决定了今天教室里的天气，我的音调决定了整堂课的基调。如果我发现我的学生有丝毫的无精打采，我会马上看一看镜子中的自己。虽然这并非件易事，但我知道为了激励和鼓舞学生们，我自己必须首先兴奋起来。所以，在这些天里，当我发现自己不够热情和兴奋，我会尽量装出兴奋的样子。我的学生几乎看不出我心情低落！"

每天，我们都会和遇到的教师同事们打招呼。同事每次询问"近来如何"的时候，我们都有一个选择。如果我们笑着说："很好啊！你呢？"那么你设定了一个积极的基调。如果我们说："你真的想知道？"这就是完全不同的基调了。老师，归根结底也是人，我们也有私人问题——好的或者不好的。这里有一个秘密：较差的老师把他们的私人问题和个人情绪带到课堂上，而优秀的老师不会这样！

每天，优秀的和糟糕的老师都会安排如何进行当天的课程。如果把每天看做装了一半的牛奶，优秀的老师看到还有一半就满了，糟糕的老师会发现只剩下一半了，最差的老师觉得又一个瓶子要洗了！

学生们会积极回应乐观、兴奋的老师。如果老师确信这节课是与学生息息相关的，可以激发学生兴趣的、令人兴奋的，那么学生们就会觉得这节课是与他们息息相关的，可以激发他们兴趣的、令人兴奋的。方法就是一切。最好的老师可以把看起来无聊的课程变得生动活泼，而最差的老师会抹杀最有趣的内容。

归根结底，这取决于你自己。你可以选择你每天在教室的态度，然后学生们会知道你的态度暗示什么。你决定了课堂的天气阴晴。

你课堂明天的天气预报是什么？晴空万里，乌云密布，大雨瓢泼还是可能会有龙卷风？

# 怎样让每一个学生都觉得他是你的最爱

　　如果你走进最优秀老师的教室,你可以读懂孩子们的想法,你会发现教室里的每一个孩子都觉得他自己是老师最喜欢的学生。相反,如果你走进最糟糕的老师的教室,仔细领会孩子们的想法,你会发现大部分的学生都不觉得自己是老师最喜欢的学生,因为这些老师都有最喜欢的学生———一个或者两个———是的,这些特殊的学生会被其他学生怨恨,他们被其他的学生叫做老师的"宠物"。这永远不是一件好事情,所有的学生都希望并且应该和班上的其他人一样得到老师的重视。最优秀的老师知道这一点,所以他们找到了使每个学生都觉得自己与众不同的办法。

　　当被问道怎样使每个学生都觉得自己与众不同而且得到重视的时候,最优秀的老师会这样说:"我知道当一个学生感到他对我来说很特别的时候,他会更加积极地做功课,写作业,热爱学习。如果我可以让学生积极地做功课,写作业,热爱学习,那么就没有什么我不能教会他的。所以,如果我希望所有学生都积极地做功课,写作业,热爱学习,我别无选择,只能让他们觉得,他们每个人都有与众不同的地方。我每天都礼貌待人,欢迎他们来到我的课堂,倾听他们,尽量了解他们每个人的生活,当他们成功的时候为他们鼓掌,当他们受挫的时候为他们加油。这不意味着我对学生没有责任。正如我最喜欢的老师对待我一样,我尊重这些孩子,重视他们。我真的认为我是她最喜欢的学生。所以这样来看,我班上的学生也是这样定义他们自己的。"

　　最优秀的老师知道,如果班上的每个学生都能感觉到自己受重视,那么没有人会怨恨班上其他被重视的学生。然而,如果一些学生感到自己在班上没有任何价值,整个教室就会成为充满怨气的场所。

　　我们还发现,最优秀的老师很擅长做积极的评论。以下是一个例

子:学生在午饭之后回到教室,老师用友好的、积极的语气说道:"谢谢你们能安静地走进教室。我真的很感谢大家能够这么快就为下节课做好准备。"老师的态度平和而真诚,你知道老师在说哪些学生吗? 所有这样做的人都得到了老师的表扬。这被称作匿名公共表扬,而且确实奏效。通过这样做,老师告诉学生:什么对她来说是重要的,她希望学生怎样做。她同时也让所有学生感觉到了被尊重和被重视,因为即使那些没有安静地进入教室的学生也会暗自想老师可能没有注意到他们,因为他们平时都安静而且听老师的话。

现在让我们用上面的例子比较一下这位老师,她喊到:"安静!"即使只有几个学生比较吵闹,这位老师还是使用了匿名公共批评法,而且这通常毫无效果。她刚才的做法仿佛是说所有学生都没有听话,这当然包括那些安静进入教室的学生。这对于那些一开始没有说话的学生影响非常大。这好像是当校长说"一些老师还没有提交成绩单"时,一些已经把成绩单交到了办公室的老师也屏住呼吸,小心翼翼地问秘书:"我还没有提交成绩吗? 幸运的是,我做了 5 个备份,其中一份在家里电冰箱上,只要家里不发生火灾我就可以取来。"没有提交成绩单的老师,其实,是最不在乎校长批评的。实际上,匿名公共批评法只会使得他们猜想:"哦,好呀,不只我一个迟交了,还有很多人啊!"

即使我们将在本章的第四部分详细说明如何使用赞扬,我们还是要在这里说明匿名公共表扬的有效利用可以使所有学生感受到自己被重视;匿名公共批评的效果刚好相反。那些感到被重视的学生都相信自己是老师最喜欢的学生。想激励和鼓舞你的学生吗? 让他们相信,他们每一个都是你的最爱。

### 谁是我的老师的最爱

谁是我的老师的最爱

我确信那就是我

什么? 你觉得那是你

这根本不可能

当然，既然你提到了这个话题

她公平地对待我们

她对我微笑，也对你微笑

她叫我们的名字

当我遇到困难的时候帮助我

她也这样对你

她帮助我们变得更好

不管我们试着做什么

不管她有什么样的课堂规则

当我们想要放弃的时候

她总是鼓励我们继续努力

那么，谁是他最喜欢的学生呢

我们不能清楚明白、毫不含糊地给出答案

这看上去是平局了

# 怎样向每一个学生表达你的关心

最好的老师都同意的一点是：最好的激励和鼓舞学生的办法是向他们坦诚你对他们的关心。较差的老师不屑于花时间了解自己的学生，他们没有看到这里面的关键。

一个课程管理员被老师叫到办公室。根据老师的说法，一个学生总是引起很多麻烦。这位老师抱怨说，她已经尝试了各种做法，但是该学生都没有好转。在观察过这位老师的课堂之后，管理员立即发现了两个问题：（1）该学生坐在教室的最后面，而这位老师一直都在教室前边讲课；（2）这个学生总是低头看着自己的腿。

在观察之后，这位老师对管理员说："当然，他今天表现良好是因为你在这儿。"管理员说："这个孩子的大腿出了什么问题？"这位老师简单地回答了三个字:"不知道。"而这个学生,在一次事故中伤到了腿,老师却根本没有询问发生了什么。她的借口是,在他盯着大腿看之前他的表现就很差,所以事故和他的表现毫不相关。

人类最基本的需求是感觉到被重视。一些学生被保佑着,他们的父母和家庭每天充分地重视他们——这是非常好的。而作为老师,在班上有几名这样的学生是极其幸运的。然而,总有一些学生家里没有做好这些工作。当这些学生被安排到最优秀的老师班上的时候,他们是幸运的,因为这些老师知道如何让他们感觉到被重视。但是不管学生在家里是否被重视,让所有学生感受到被重视在我们的课堂上和学校里是非常关键的。正如一位很优秀的老师所说:"我要每天都向在大厅里遇到的学生们问好。不管他们是我以前的学生还是现在的学生,或者从来没有上过我的课的学生,我知道对他们微笑是件很容易的事情,这是免费的,这会使我们都感觉更好。令人感到遗憾的是,对于有的人来说,这是他们这一天中收到的唯一的友好问候。

最优秀的老师,当然,不仅仅是简单地问候学生,他们真的去了解学生的爱好、个人兴趣和他们的梦想。通过了解学生的个人情况,他们的学生和老师的联系会更紧密。

研究证明,老师们更尊敬那些不仅关心他们的工作,对他们的生活也表示关注的校长(《如何调动和激励教师》,中文版由中国青年出版社2007年5月出版)。课堂上的老师们也会有同样的感觉。他们需要了解我们,我们需要了解他们,我们真诚地关注他们,不仅限于对待学生,这是人之常情。

知道学生的背景有利也有弊,这取决于我们如何处理这些信息。最优秀的老师知道利用这些信息来辅助他们,来更好地了解学生。他们利用已知的学生信息来帮助他们因材施教。对于一个极具挑战性背景的学生,优秀的老师永远不会放弃对他们的帮助。

任何一位老师都可以教出足以在毕业典礼上讲话的优秀学生,我们都享受着为这类优秀学生教学的乐趣。然而,我们教学中最大的满足感来自于教授那些更需要我们帮助的学生——那些从来不可能代表大家在毕业典

礼上讲话的学生——因为我们的关爱他们才得以健康快乐的成长。

所以现在开始了解你的学生,也让他们了解你。

他们终有一天会成功,你就是他们成功的一个因素。

# 怎样使赞扬的力量最大化

最优秀的老师认为影响学生的最有力的工具之一是赞扬。然而,许多老师并不熟悉有效的赞扬。为了简化问题,我们来分解一下成功这个词(success):

S——specific 明确的

U——unconditional 无条件的

C——credible 可靠的

C——consistent 一致的

E——enthusiastic 热情的

S——stand alone 无与伦比的

S——suitable 适当的

下面我们一个一个来看。

"明确"可以极大地增强赞扬的力量。你所崇尚的行为是最容易被复制的,所以要明确你希望重复的行为。如果你夸赞一个学生的毛衣好看,那么就要在他每次穿那件毛衣的时候都夸赞他。如果你只在一个学生有了不良行为的时候才注意他,那么你一定会发现这个不良行为还会频繁出现。然而,如果你不是在他说话并指出他的错误的时候才注意到他,而是在他没有说话的时候注意到他并且表扬他的行为,你将在问题的处理上占有主动。通过你不断地赞扬某些积极行为,这些积极行为再次出现的几率会明显增加。

赞扬最具有挑战性的一面是其无条件性。赞扬是一种礼物,不期待回报。最优秀的老师十分清楚这些,他们从不期待自己给了学生赞扬之后会有任何回报。但是你将经常听到较差的老师说他们的赞扬毫无效果。这是因为他们期待着回报,这是一个交易:"只要你对我好,我一定对你好。"这是一种权力斗争,和赞扬完全是两回事。

赞扬,一定要可靠。为了让学生信任我们,赞扬一定要真实而且真诚。让我们来看一看生活中的真实例子吧——恐怖的节食!尽管节食很难坚持,当人们谈及节食的时候,都会认为最有力的动机是听别人说"你看上去好极了",这难道不比别人说"这只是时间问题"听上去更激动人心吗?

赞扬必须经常进行。这样来想:没有必要等到一个人体重降了35磅再去赞扬地。如果你在第一次看到他没有暴饮暴食的时候就表示赞扬的话,效果会更好。在课堂上也是这样。最好的老师不会等到学生完成了整个作业再夸赞他们。他们知道在努力的时候就夸赞他们可以保证任务完成。请记住频繁的鼓励并不意味着我们局限于加强同一件事情,但是我们必须不断地、持续地赞扬和鼓励。正如一位优秀老师所言:"学生们喜欢你对他们行为的赞扬,只要它是可信的,孩子们就会一直坚持做下去。"

赞扬也应该以一种热情的方式进行。确信学生们知道你很开心、骄傲,这对赞扬是否有效果很重要。拉尔夫·沃尔多·爱默生说:"没有热情,一事无成。"

赞扬另外一个很重要的方面是其独特性。如果我们说这样的话:"你今天在阅读小测验中做的很好,但是你的数学……"然后这个学生听不进去"但是"之后的所有话了。如果一个人问你:"你今天按规定安排饮食了吗?你确实看上去瘦了好多,但是你的头发怎么了?"然后你想马上走开,他的问话中羞辱的意味多于赞扬。

最后,赞扬一定要符合那个学生当时的实际情况。对于一个正在拼命努力达成一项目标的学生,他需要的赞扬是让他再试一下。这对这个学生来说是合适的。另一方面,赞扬一个水平较高的学生,说让他再简单尝试一下就不太合适了。一个从不交作业的学生最需要的赞扬是在他终于交了一次作业之后的赞扬。

事实上,公平地对待所有学生(天资和成就不同的学生)本质上是

不太公平的,在进行赞扬的时候也不能采用同样的标准。尤其,不要让某方面有天赋的学生得不到你的赞扬。所有学生(所有成人),无论能力水平,都渴望得到赞扬。

记住这个词——成功 success。这七个字母对于成功的赞扬是至关重要的:

S——specific 明确的

U——unconditional 无条件的

C——credible 可靠的

C——consistent 一致的

E——enthusiastic 热情的

S——stand alone 无与伦比的

S——sutable 适当的

# 怎样恰当地使用奖励

在教育界有一个无休止的争论,那就是使用奖励的价值何在。奖励可能包括有形物品,包括糖果、不干胶贴纸、证书,或者无形的物品,如赞扬或认可。最优秀的老师知道奖励的秘密:不是你是否在课堂上使用奖励,而是你是否有效地使用它们。较差的老师这样说:"嗯,不管怎样我不应该因为学生们做到了他们应该做的事情奖励他们。"或者"哦,我不应该用糖果来贿赂我的学生。"或者"他们从来不会听到指令后立刻开始做功课,我怎么能奖励他们呢?"再次说明,真正的问题不是奖励本身,而是如何利用奖励。

让我们来看一眼有形的奖励。可以是简单制作一朵小红花,可以模拟颁发给学者的奖杯制作一件奖品。不管怎样,这不仅仅是一个服务于激励机制的外在价值。作为老师,我们对于学生行为的褒奖所带来的价值和真正的奖励同样重要。

让我们来看一个例子,它发生在一个特殊的中学里:

　　为了减少学生们的不良行为,学校决定组织一个竞赛活动,称作"季度挑战"。每年四次,每个季度举行的时候,那些没有迟到记录、记过处分、过期不还图书等不良行为记录的学生都会得到奖励。不同季度的奖励不同。奖品包括每个季度一次的匹萨派对或者半天假期,目标当然是促进学生们在学校表现更好。这种方式在一些班里产生了积极的作用,而另外一些则事与愿违。进一步的研究分析表明,这些方法对于老师的作用明显,而对于学生们却几乎没有效果。

　　我们发现,在最优秀的老师的课堂上,"季度挑战"使用之后,便成为正面促进剂。老师和学生热情积极,表现良好,期待季度末的奖励。与之相反,较差的老师在课堂上用季度末的奖品来威胁学生。老师在和学生进行力量角逐,他们经常这样说:"如果你们表现不好,你们就不会赢得季度挑战!"或者"如果你们继续那样做,谁都赢不了季度挑战!"在这样的教室里,学生们在和老师的角逐中希望掌握更多主动权,他们会装作不在乎奖励。这些学生开始作弄那些表现良好的学生,说道:"嘿,哥们儿! 你要赢得季度挑战啦? 真搞笑,太搞笑了!"不出意料,较差的老师班里的学生整体表现都会越来越差。因此,这些老师会说季度挑战毫无用处。再强调一遍,这和奖励无关,而是老师利用奖励的方法。

　　因为工作成绩优秀而得到奖励,看似是一个老掉牙的事情,然而没有一个人希望奖励是基于负面的评价方法才成立。让我们来总结一下:负面的方法会使得积极的奖励大打折扣,这就好像给从一开始就表现良好的人注射了一剂苦药。

　　不是奖品本身让我努力尝试

　　而是你的方法决定了我的好与差

　　所以请赞扬我的努力,突出好的一面

　　我的成功是因为你相信我可以成功

# 怎样激励没有动力的学生

没有动力的学生之所以缺乏动力是因为他们没有被激励！现在,我们了解一下为什么最优秀的老师看上去好像有一件激励学生的秘密武器。我们没有费尽心思寻找秘密武器,而是直接询问最好的老师,希望他们可以和我们分享他们的秘密。令人惊异的是(或者可能不是这样),他们在以下几点上不谋而合:

——没有动力的学生总是没有成就感。

——没有成就感的学生需要可以帮助他们成功的老师。

——经历更多成功的学生以后会充满动力,变得更好,而且更加努力。

——从本质上来看,学生们不会主动找我们,希望得到激励。

——激励学生是老师的职责。

——其中一部分学生比其他人更容易被激励。

——最难激励的学生恰好也是那些最需要我们——老师的人。

在了解了这些老师怎样看待没有动力的学生之后,下面,我们来分享一下他们激励学生的最好方法是怎样的:

——识别出缺乏动力的学生,这是工作中比较简单的部分!

——表达出对学生的信任,相信他有能力完成手头的功课。

——因材施教,这是他得到成就感的唯一途径。

——一旦他经历成功,赞扬他的成功,推进他向下一个目标努力。

当被问道:"但是,如果有很多学生看上去都失去动力,应该怎么办呢?"这有一位优秀的老师所给出的答案:"当我巡视教室,发现课外闲书,或者一片空白的作业本,我立刻会有所反应。我会立刻充满热情,问各种不同的问题,如果我认为会有帮助的话,我会改变课堂活动的计划。基本上,我尽可能做所有可以改变当时课堂气氛的事情。我的责任就是激励和鼓励我的学生,所以不管有多难我都努力工作。"

另外一位优秀的老师说道:"当我的学生没有动力的时候,我发现这是因为他们不明白他们在做什么,为什么做。这对我来说是一个提醒标志,提醒我不要忘记把课本知识和真实生活紧密联系。所以我也是这样做的——我把讲授的内容和学生的真实生活紧密联系——突然,他们都充满了动力!"

我们也采访了一些不太优秀的老师,询问他们同样的问题。令人惊异的是(或者可能不是这样),他们在以下几点上不谋而合:

—— 一些学生很难被激励。

——缺乏动力的学生不想被激励。

——缺乏动力的学生都很懒惰。

——激励他们不是我的职责,我的工作是教授知识。

—— 一些学生根本不在乎是否有动力。

你注意到这些回答多么没有动力了吗?你愿意把自己的孩子放到这些老师的课堂上吗?还需要再怀疑为什么有些学生没有被激励了吗?

现在,让我们听听学生说什么。我们想知道什么因素使得一些老师的课堂比另外一些老师的课堂更容易激励学生。以下是一些评论:

十二年级:"如果我的老师看上去充满动力,那么我也会这样的。如果我的老师看上去很厌烦她正在教的课程,我就很难被激励了。"

一年级:"当我的老师说'干得好',我感觉非常好,然后我会更加努力让她开心。"

五年级:"我喜欢有趣的和令人兴奋的课程,因为这会使内容很容易被理解。"

三年级:"去年我的一位老师从来不对我们微笑。我觉得她很生

气,但是不知道为什么。今年我的老师总是对我们微笑,我觉得来学校上课很开心。"

二年级:"我不认为我很擅长阅读,但是我的老师帮助我做得更好。"

十年级:"在老师讲课的时候,我很难将所有内容都记录下来。这很无聊,我通常都听不进去。"

七年级:"我的一位老师告诉我们关于她自己的故事。虽然她的工作只是教我们课本知识,但她依旧是一个很真实的人。我喜欢这样的感觉。"

教师,真正重要的并不是教育出什么样的学生,而是你在他们心中点燃了多少火种。相对于物质奖励,学生更希望被激励。是老师,而不是课本内容决定了学生的火种被点燃还是熄灭。

杰森是一个七年级的学生,他被三次留级。他说自己不喜欢学校是因为他一点都不擅长学校的任何东西。直到他遇到托马斯女士,他七年级的老师。从第一天开始,他就觉得充满了动力。他有了成就感,他简直不敢相信,因为这是他在学校从来没有感受过的。他的成绩直线提高,他很快就赶上了班里其他同学——表现如此之好,以至于学校让他跳级到了九年级。下面是杰森所说的:"在托马斯女士的班上就好像梦想成真了。她让学习充满乐趣,她发现了我的天赋,这是以前从来没有人发现过的。如果我几年之前遇到托马斯女士,我就不会留级了。我不是一个失败者,我猜想我所需要的仅仅是被激励。"

教师,你可以成为杰森的托马斯女士,点燃你学生的心灵,帮助他们相信自己可以成功,而且他们也必将成功!

学生对待学习的心理问题基本表现为:缺乏学习的动力和兴趣、对待作业不认真、课堂上不注意听讲、逃学和厌学等等。对此,教师应分清楚问题产生的根源和类型,然后对症下药,从培养学生积极的学习兴趣入手,端正学生的学习动机,树立学生学习的自信心,指导学生养成良好的学习方法,继而帮助学生建立健康的学习心理。

# 学生缺乏学习动力，怎么办？

学习动力（诸如学习动机、学习态度、学习自觉性、学习兴趣等）是推动学生学习活动的内部力量。

学习动力不足的主要表现为：

（1）懒惰行为。表现为不愿上课，不愿动脑筋，不完成作业，贪玩。学习上拖拉、散漫，怕苦怕累，并经常为自己的懒惰行为找借口。

（2）容易分心。不能专心听课，不能集中精神思考，兴趣容易转移。学习肤浅，满足于一知半解。行动忽冷忽热，情绪忽高忽低。

（3）厌倦情绪。对学习冷漠、畏缩，常感厌倦，对学校与班级生活感到无聊。学习时无精打采，很少享受到成功带来的快乐。

（4）缺乏方法。把学习看成奉命的、被迫的苦差事，因此不愿积极寻求一些适合自己的学习方法，满足于死记硬背，应付考试。由于缺乏正确灵活的学习策略和方法，所以往往不能适应新的学习环境。

（5）独立性差。依赖性强，总在等老师、同学、家长来监督、催促他们学习，依赖别人给出答案；做作业、回答问题时往往随大流，照抄照搬别人的，缺少独立性和创造性。

为什么学生会产生学习动力不足的情况呢？

有一个现象很值得我们思考：小学生背起书包刚刚走进校园的时候，每一个人内心无不对小学生的学习生活充满了好奇、憧憬、喜悦之感，他们人人都有着学习的热情。然而，随着时间的推移为什么在一些人中，这团学习热情之火会慢慢地暗淡下来，甚至出现上述学习动力不足的情况呢？

学生学习动力不足的原因是复杂的，是内、外部条件的不良因素相互交织影响的结果。

对学习动力与兴趣的培养机制，心理学有大量研究，其结果归纳起来，有两点非常重要：一是"我要学"这种愿望不是凭空产生的，它是家庭、学校、社会对学习的客观要求在个体头脑中的反映，有赖于外部良好

的舆论导向和学习氛围的积极影响;二是外部条件必须有效地促使学生体验到学习成功,使他们越学越来劲,越学越爱学,进入学习动机与学习效果的良性循环。许多中小学生学习动力不足,根本原因就在这两个方面:一是家庭、班级、同伴、社区的舆论导向与学习氛围不良;二是在学习中很难感受到学习的愉快、学习的成功,屡受学习挫折,对学习丧失信心,学习动力不断下降。

下面,我们试作进一步分析。

(1)家庭因素。一般来说,如果家长是一个爱学习、爱看书的人,孩子在家长的熏陶下也容易喜欢学习、喜欢读书。有些家长迫于生活压力终日操劳,未必能在家中看书学习,可是对知识的尊重态度,对人才、对老师的尊重态度及对人生的负责积极态度能给孩子以爱学习、不怕学习、做事认真负责的积极影响。这也就是为什么不少贫困人家能出高考状元的主要原因。相反,家庭中缺乏尊重知识、热爱学习、积极进取的氛围,家长口中赞扬推崇的人物都是凭运气一夜暴富之人,经常谈论的是吃喝玩乐,或悲观厌世,大多在孩子面前流露对生活工作的抱怨。尽管这些家长也会叮嘱、教训孩子“上学要认真听课,听老师的话,回家要做作业”,然而,在不良的家庭气氛下,这些话是多么的苍白无力。

此外,家庭成员的关系,家长的教育方式、家庭学习硬件环境、家长的文化程度等也会对孩子的学习动力的培养与激发产生不同的影响。若家庭成员关系好,孩子就会特别愿意努力学习以赢得父母的喜爱(这对小学生来说是一种比较主要的学习动机),而且学习中碰到各种情绪困扰时,家庭中爱的雨露可随时滋润孩子的心田,这样的孩子不容易产生厌学的情绪。有的家庭父母不和,亲子关系紧张,孩子便缺少自爱的学习动力,也缺少良好的学习心境,以致学习行为不良,学习效率低下,进一步降低学习动机。若家长的教育方式合理,孩子便会逐渐养成自觉性和良好的学习习惯,学习能力不断提高,孩子自然就会越来越爱学习。若教育方式为放任自流,或简单粗暴,或包办代替,或控制过严,或期望过高、压力过大,必然导致厌学的发生。若家庭中有良好的适合孩子学习的氛围,并且具备必要的学习硬件,就会有利孩子专心学习,不受干扰,提高学习效率。最后,若家长的文化水平高,能

适当对孩子的学习进行指导,也会有一定的积极影响。

(2)学校因素。学校是学生进行学习的最主要场所,学校的校风、教学条件、教师、课程、管理等诸多因素均能对学生的学习动机与兴趣的培养产生影响,尤其是教师起着关键作用。一方面,教师应以自身严谨的治学态度为学生树立良好榜样;另一方面,教师应根据社会和学校的要求以及学生学习动机、行动形成的规律,巧妙地把各种内部因素和外部因素结合起来,以培养学生的学习动机与兴趣,增强他们的学习动力。然而,许多教师在工作中方法不当,往往增加学生的学习难度,降低他们的热情。例如,教学方法死板,不注意激发学生的兴趣;对学习落后的学生不懂得尊重、关爱和科学地进行个别辅导等。

(3)社会因素。近年来我国推行科教兴国战略,提倡尊重知识、尊重人才、尊师重教,这对学生的学习无疑是有着积极影响,诸如:"脑体倒挂"的现象虽有所减少,但仍在不少城镇、地区出现;"一切向钱看"、"享受主义"等不良思潮大有市场;各种社会舆论正面引导不足,对爱学习、爱创造的人才宣传过少,反而对歌星、影星、球星、"美女"、"俊男"的宣传铺天盖地,仿佛凭好嗓子、好身材就能成名发财。显然,这样的社会舆论环境和风气对学生正确认识学习的意义、培养认真勤学的学习态度有着消极影响。

另一方面我们还要清醒地意识到,在当今竞争激烈的环境下,社会上日益盛行"唯学历论",对学习的追求过于功利,使家长唯恐自己的孩子"输在起跑线上",于是不顾孩子的身心特点盲目增加学习的压力;学校也为了学校的生存发展需要而不断给学生的学习加码,表面看来这样都是促进学生学习,殊不知适得其反,大大增加了学生的学习难度,导致学生对学习怨声载道,学习动力减弱,也危害学生的身心健康。

(4)学生自身因素。我们家长和教育工作者不难发现这样的事实:同一个班的学生,有的学习热情始终很高,有的时高时低,有的却在较长一段时间都比较低,也就是同一个班的学生动力和差异很大。按理,同样的老师教导同样的内容,为何差异那么大? 这反映了学生自身因素的影响作用。

第一、每个学生的知识经验、能力水平不同。一般而言知识经验丰富的学生,在学习新知识的时候更容易产生联想,更容易理解新知识;感

知观察能力强、记性好的学生学习效率高。因此,知识经验丰富、能力强的学生容易尝到学习的甜头,他们便倾向于自觉学习。相反,学习动力不足的学生往往在知识经验和能力方面存在某些薄弱环节,致使他们的学习难度增大,容易化倾向于怕学、厌学。

第二、每个学生的兴趣点、价值观不同。兴趣广泛和学生往往不太能专心于课堂上相对单调地读、写活动,在他们看来,课堂外、书本外的世界才精彩、才有趣,心思较难集中在功课学习的活动上。另外,究竟学习语文、数学等课程内容有何作用? 学习好有何意义? 对于这些问题的回答映出一个人的价值观。而学习动力不足则往往对学习意义的认识更是模糊不清。

第三、每个学生的气质、性格特点不同。一般来说,具有黏液质、抑郁质特点的学生往往学习比较专心,而胆汁质和多血质的学生则易在学习中分散注意力。具有细心、认真、刻苦、坚持等个性特点的学生在学习上容易取得成功而倾向于积极学习。

第四、每个学生的自我效能感(自我效能是指个体对自己是否有能力为完成某一行为所进行的推测与判断)、自我控制力不同。自我效能感强的学生对自己有信心,较能体验到学习进步而倾向于努力学习;自我效能感差的学生则相反。自我控制力强的学生在学习上一般比较自觉,计划性强,并且较善于自我监督和调整自己的行为,因而容易在学习中较好地完成各种任务。

第五、每个学生的耐挫折能力不同。有的学生不能正确地接受挫折,应付学习压力的能力差,对压力采取逃避的方式而致学习动力下降;也有的学生面对教师家长的反复唠叨产生逆反心理,表现为学习动力下降。

总之,一个学生的学习动力不足,往往是个体的这些主要因素(影响因素还有生理健康因素等)和外界因素(还包括同伴因素等)共同作用所致。

那么,该如何对缺乏学习动力的学生进行心理辅导呢? 我们不妨先看下面这个案例。

小华,男,12岁,六年级学生。父母均是农民,小学文化程度。家里兄弟

三个,他排行老大。学习基础差,一至四年级主科考试均不及格。对人对事冷淡,学习兴趣缺乏,上课不能集中,听课时常常哈欠不止,从不主动举手发言,老师提问时常常是哑口无言,无论怎样引导、鼓励都不愿开口。喜欢看电视、打游戏机,学习成绩差,经常不做作业,书写极马虎。性格比较内向、古怪,从不主动与老师说话,也不愿意与同学在一起。在家里脾气暴躁,从不谦让弟弟,有时会与父母顶撞,发起脾气来还会离家出走。

### 1. 个案分析

首先,从家庭来看,小华的父母是珠海市郊区的农民,靠出租房屋为生,家庭经济状况良好。但父母好赌,成天打麻将度日,无暇顾及孩子学习,使孩子长期处于一种放任自流状态。他们平时对孩子的学习不闻不问,可是,每次老师找家长谈及孩子的在校情况时,孩子回家就要遭到一顿打骂。造成孩子与老师、家长之间有敌对心理,怕学、厌学最后导致学习成绩很差。其次,在学校里,由于小华学习差,经常拉班级的后脚,老师不喜欢他,同学们瞧不起他,使他学习产生恐惧感,性格也变得内向、孤僻。在学习等方面的多次挫折使他产生了己不如人的心理,越发对学习失去了热情,过分的自卑使他不思进取,自暴自弃。

### 2. 疏导过程

第一阶段的主要工作:

(1)对小华进行学习适应性的测试,了解他的内心情况。

(2)采用"沟通"法和"融洽"法与家长沟通,共同探讨教育问题,制定努力目标:第一、正确引导并控制孩子看电视、玩游戏的时间;第二、多方面共同监督完成家庭作业;第三、多表扬少批评,多鼓励少责备;第四、言传身教,为了孩子创造良好的家庭学习氛围。

(3)多次与小华谈心。首先表扬他在电脑、劳动、体育等方面都胜过许多同学,夸奖他是一个聪明的孩子,并给他讲爱迪生、牛顿小时候的故事,让他明白自己并不笨。引导他正确对待失败,克服自卑,同时要改正其消极的归因倾向;其次与他一起查找成绩差的主要原因,倾听他的想法,引导他正确认识学与玩的关系,鼓励他树立学习信心。

第二阶段的主要工作:

（1）帮助小华克服不做作业的习惯。第一、布置一些适合他的实际学习水平的作业,并利用作业评语给予表扬鼓励,使他通过完成作业获得成就感,从而喜欢做作业;第二、设法使他养成按时完成作业的好习惯,要求他每天完成作业后,在自己的作业本上写上"我对自己负责"的字样,让他认识到做作业是对自己负责;第三、作业内容多样化,让他自由选做,培养他自主的学习精神;第四、加强对其作业的检查辅导,发现进步及时表扬,发现问题及时矫正。

（2）帮助改善小华在班级中的人际关系,鼓励同学对他友爱互助,通过让他参加各种活动转变其内向、孤僻的性格。为他找学习伙伴来帮助他解决家庭作业中的疑难问题,督促其完成作业。

（3）选小华当班上劳动委员,并定期召开班委会,从而培养他的集体归属感,促进他在学习、行为表现等各方面的进步。

第三阶段的主要工作:

（1）注意观察小华表现的反复性,经常给予关心、提醒,发现问题及时、耐心地进行教育。

（2）经常与家长保持联系,及时反馈小华的进步情况,让家长分享喜悦,从而树立家长对孩子教育的信心,更好地配合学校教育。

（3）根据小华爱玩游戏机的特点,采取正面引导,推荐他参加学校的电脑兴趣,鼓励他在电脑方面发挥自己的聪明才智。

3. 效果

通过一年多来多方面共同努力,小华克服了许多学习上的不良习惯,逐步树立了学习的信心,学习态度明显好转,学习成绩和学习行为都有了很大的改善。特别是语文成绩进步最大,测试成绩都在及格以上。以前他厌烦学习,而今他在完成作业之余还会主动向老师讨教问题,有时还看看报刊,读读课外书,有意识地拓宽自己的知识面。他还变得大胆了,敢于在课堂上举手回答问题了,也变得关心集体了。

这个案例的启示意义是很大的。

不少教师对于学习动力不足的学生看不顺眼,对他们做个别工作也

是常常指出问题、责备,并且往往采用高压手段严加管制。结果,他们苦口婆心地讲道理、给学生补课加班加点,学生反而不领情,不买账。其中的原因复杂,最根本的是没有真正唤起学生的良好自我概念,因此,我们的辅导工作者重点应以此来开展。

(1)全面关心他们,密切师生关系常言道:"亲其师,信其道。"当学生感觉到老师关心自己,喜欢自己,他便会喜欢老师,并进而把老师的情感转化为学习动力。有的老师不停地对学生这样说:"老师因为对你好才关心你的学习,指出你的问题,对你严格要求。"其实这样的话并不能让学生感到你喜欢他,感到彼此的心灵接近。我们应注意他们的优点,对他们的优点表示欣赏,对他们感兴趣,倾听他们内心的苦恼——总之,让他们真正感受到被爱、被喜欢。

(2)设法让他们感受到同学的尊重和爱护。对学习动力不足的学生,如果总是在公开场合点名批评,会伤害他们的自尊心,使他们"破罐子破摔"。我们若能有意创造一些机会让全班同学为他们欢呼,反而能使他们感受到同学的温暖和自己的力量,他们会喜欢这个班,喜欢同学,也喜欢自己,希望自己在学习上做得很好。

(3)让课堂学习富于趣味性、活动性、快乐性。这点对于小学低年级学生尤为重要。甚至可以认为这是学习动力不足的主要外因。增强学习的趣味性、活动性、快乐性、有利于激发他们学习的好奇心、求知欲,也符合他们这个年龄阶段的心理特点。在课堂上,教师应设法创设一些有趣的问题情境来吸引他们,引发他们的思考;讲解尽可能贴近生活,贴近学生的理解水平;积极设计多种丰富的活动来练习;多在课堂上使用富于激情和鼓励的语言等。

(4)设法增加他们学习的成功体验。经常的成功体验可以增强一个人的自我效能感,使其激发出"我能行"的力量。一方面教师可采用"低起点、小步子、快反馈"的教学原则,对学习动力不足的学生因人而异地采取特殊政策。例如,布置难度不同的作业,允许自选;在课堂上布置一些成功把握大的任务(如朗读)。另一方面,经常给予他们鼓励性评价,这点尤为重要。例如,可在课堂上表扬他们的积极表现(如朗读

的声音洪亮、清晰而不一定盯着其准确性方面)。又如,批改作业时把对的部分划上大大的红勾,而错处则采用画底线或打问号的方式,再写上富于情感激励的话或贴上小卡通画。

(5)引导他们学会积极归因,归因是一个人对自己或他人行为的原因做出解释或推测的过程。例如某个学生某次测验成绩不理想,他可能会认为是由于自己努力不够,也可能会认为是老师教得不好,甚至认为是同桌总和自己说话造成的。这些对自己行为原因(为什么没考好)的解释都属于归因。

一般来说,学习中的成功或失败可归因为学习能力、努力程度、学习难度和运气四种因素。若学生在学习成功时,把原因归为自身的内部因素(如学习能力和努力程度),他便会体验到自尊自豪,从而增强对成功的期望,学习动机进一步增强;而在学习失败时,把原因归结为努力不够,他会产生内疚感,并维持较高的成功期望,学习动机也会增强,像这样能使学习动机增强的归因是一种积极的归因。相反,若一个学生面对学习成败总是进行消极的归因,即把归因为运气,把失败归因为能力低,这样的归因会使他们对成功和期望降低,学习动力减弱(因为运气不可自我控制,能力低的现实也是不容易改变的)。心理学研究表明,学习后进、学习动力不足的学生大多有"习得性无力感",这实质上是一种认为失败无法避免的观念,对于学生来说,当无论他怎样努力都遭到失败,进而把失败归之于能力低时,便会产生这样的观念。一旦学生持有这种观念,则表现为自尊心下降,有强烈的失败感,学习消极,不愿做出任何努力。因此,引导学生学会积极归因非常必要。

(6)通过其他活动的兴趣来促进其兴趣迁移到学习中来。事实上,某些学生虽然对学校的学习动力不足,可是他们也有着多种多样的对各种活动的学习兴趣,或是文娱体育活动,或是电脑游戏、武器装备等。教师可以因势利导,使他们对其他活动的学习兴趣迁移到学业学习上,一位老师在其对学生进行辅导的经验中写道:我任教的班上,小森争强好胜、任性、纪律松懈,被称之为"捣蛋王"。他不喜欢做的事,即使多次催他也不做。可他喜欢画画,简直着了迷,整天都在画,在书本上画,在作

业本上画,上课时也在偷偷画,根据他的情况,我鼓励他:"小林,画画能陶冶你审美情趣,提高你的审美能力,但各科知识的掌握更能促进你的审美能力的培养。"他惊疑地说:"是吗?""当然啦!你试试!"并让他利用课余时间与班上的宣传委员办墙报。一次上语文公开课,放幻灯片时,我让他在幻灯片上画图,当他看到自己的佳作吸引了所有人的目光时,一种成功的自豪感在他心里油然而生,喜形于色。我抓住机会,鼓励他扬长避短,不断进步。后来,这个学生的学习成绩、组织纪律都有了很大进步,并被称为"小画家"。

(7)加强针对性的个别学习辅导。学习功力不足的学生在家长、教师的教育下,自己也通常会产生学习愿望和热情,但由于他们知识、技能的底子薄,学习能力也较差,因此往往燃烧起来的热情不久就被困难所"浇灭"。因此,很有必要加强个别的学习辅导。教师应对学生细致地进行学习上的查漏补缺,同时进行有效的学习能力与习惯方面的辅导。但这种"开小灶"、"补课"一定要让学生愿意、乐于参加,并注意适度,千万不能变为"惩罚"、"苦役"。

(8)给予必要的角色分工,培养自信心、责任心。一般学习动力不足的学习表现与成绩均差,在班上没有什么地位。如果教师能根据他的特点委以一定的任务,可让他们感到教师、班级的接纳和喜爱、增加他们自尊自信的力量,从而增强其学习自信心,同时也利于他们在做事的过程中培养负责、认真、不怕困难等良好性格特点,有效地促进学习进步。

# 学生偏科怎么办?

偏科,是现今困扰许多学生的问题。偏科是指学生由于对某些科目缺乏兴趣等原因,对那些科目不重视,在其上的时间和精力花得非常少,最终导致成绩不理想。偏科会导致学业发展的不均衡,长久下来,也会对学生的心理发展产生影响。那么,教师该如何对偏科的学生进行心理辅导呢?

请看教育故事：

开学不久，我发现林宇在英语课堂上，不是失神地趴在课桌上发呆，就是目不转睛地望着窗外，或者是不停地打瞌睡，或者干脆睡觉。他似乎有无穷无尽的烦恼，而且找不到解决之道。显而易见，他对英语丝毫没有兴趣。关于林宇的一些不良表现我及时向各科任老师和他的家长做了必要地汇报。

一天，他到我的办公室请我帮他解题。我帮他解完题后，我对他说："林宇，我发现你在英语课堂上总是不认真。"他说："老师，老实说，上初一时，我的英语成绩还行。但我们英语老师很少关心我。从没有表扬过我，所以我渐渐地失去了学习英语的兴趣，再也不想学，成绩也就下降了。"听了林宇的话后，我便觉得他是由于不重视英语科目，放松了对英语的学习，时间久了成绩才跟不上的原因，最终导致失去学习英语的兴趣。我想要改变林宇学习英语的状态，必须先让他了解偏科的危害性。我说："林宇，你如此偏科，这对你以后的学习非常不利，老师希望你以后能改变。"这时，林宇有点不耐烦地说："老师，我知道我英语不好，可我对英语提不起兴趣啊，看到英语就讨厌，为什么老师总是要我做不喜欢的事呢？我就是不想学英语！"我微笑地说："例如有一个由八块木板转成的木桶，但是这八块木板长短不一，你认为这个木桶所盛的水量取决于哪能块木板的长度的呢？"他想了想，说："当然取决于最短的那块木板了！"我微笑着说："非常好！那你的偏科和综合成绩之间是否有联系呢？"他听完我这番提示后，沉默了。我看他眉宇紧锁，想必他已经进入沉思了。过了好久，他展开了紧皱的眉头，笑着说："老师，谢谢你，我明白了，我以后会努力提高英语成绩的！"经过这次谈话后，林宇在英语课堂上的表现有所变化。

但不久后我发现林宇在英语课堂上的"旧病"复发了。为此，我又一次请他到我的办公室，我对他说："林宇，这几天你在英语课堂又不太认真了。"他说："老师，是的。我花了大量时间学习英语，可我的英语成绩还是不见提高。这给我打击太大了，我现在学习英语既没有兴趣，又

没有信心了。"我微笑着说:"林宇,学习是一个量变到质变的过程,你必须要有耐心。每次考试后,你应该认真分析,找出失分的具体原因,在学习英语过程中注意不断总结,多向身边的同学和老师请教。继续努力吧,老师相信你一定能战胜困难。"他低下头说:"老师,我尽力吧!"

有一次班会课上,我邀请了我们学校的外籍教师来我们班与同学们进行交流。交流过程中,大部分同学都努力克服自己不敢开口的怯懦,大胆地向外教介绍自己,并向外籍教师提出自己对外语学习或者外国风俗习惯的疑问,气氛很好。但林宇一言不发,于是,我走到他身边说:"林宇,你向外籍老师介绍你自己好吗?"他支支吾吾地说:"老师,我,我不行。"我微笑着说:"相信自己,你一定行的。"在我的鼓励下,林宇站了起来简单介绍了自己。在交流快结束时,外籍教师给同学们唱了一首英文歌曲。外籍教师在唱歌的时候,我发现林宇显得格外高兴。课后,我问了林宇:"你是不是很喜欢英文歌曲?"他笑着说:"老师,是的,您怎么知道的呢?"我微笑着说:"你在班会课上的表情让我感觉到的。"我接着说:"我如果成立班级英文乐队,并任命你为队长,你愿意吗?"他思考了片刻说:"老师,我怕我做不好,辜负了您的希望。"我便说:"不会的,你一定能做好。"最后他点点头。在他的领导下,我们的英文乐队在学校有了很大的影响,获得很高的评价。同时,在我的倡导下,设立班级学习兴趣小组、班级英语角。每周由学习兴趣小组组织开展一次英语角活动。在活动中同学们大胆用英语自由选择对象进行聊天,这打破了常规的一对一,小范围的对起话来。通过这些活动,林宇在轻松愉悦的氛围中学习英语,感受到学习英语的乐趣。

第一学期结束后,我在家庭报告书上,向林宇的家长详细汇报了他在校的情况,特别表扬了他对英语学习兴趣的增强。林宇家长对孩子在学校的表现满意,特别致电感谢我。

第二学期开学不久,林宇在家长的陪同下,又一次与我进行交谈。谈话中,我意识到林宇非常渴望与一位英语成绩较好的同学同桌。于是,我将全班学生的座位作了一些调整,将英语成绩好的学生和英语成绩不太理想的学生穿插着坐。我特别安排了英语科代表与他同桌,受同

桌的影响，林宇似乎找到了学习英语的兴趣和自信心，他学习英语的热情不断高涨，通过长时间的高效练习和同桌的帮助，林宇的潜力不断被挖掘出来，英语成绩也在不断地提高。

期中考试成绩揭晓后，林宇手中拿着英语试卷，跑到我的办公室，兴高采烈地说："老师，我的英语考试成绩，三年来第一次及格，谢谢您!"我看了林宇如此高兴的样子，我欣然笑着说："林宇，你的进步，老师为你高兴、自豪，我相信，只要你坚持，你会做得更好，希望你以后再接再厉。"他微笑着点点头。从那以后，我发现林宇开始克服自己内心的胆怯，积极请教英语老师，与同学的交流也越来越频繁，英语成绩也不断提高。

这个教育故事反映的是中学生大量存在的偏科问题。现在学生偏科现象司空见惯、屡见不鲜。这不仅令家长焦虑不安，更让老师头痛不已。所谓偏科是指某一学科学习欠佳、相对其他学科显得望尘莫及，从而出现"跛腿"现象。偏科往往表现在学习态度上，学生总是哪壶开提哪壶，哪壶不开不提哪壶。对感兴趣的科目，格外勤加学习，因而成绩优异，受到老师表扬。从此更加努力，形成良性循环。然而对不感兴趣的科目，听课模糊，作业马虎，考试屡屡受挫，学习愈发消极，从而形成恶性循环，同时也会影响到其他学科的学习。这种"厚此薄彼"的现象与当今全面发展素质教育无疑是背道而驰。长此以往，将给学生带来沉重的心理压力，严重影响学生身心健康发展。

*1. 树立学生的自信心*

自信心，是一个人自己相信自己的愿望或预想一定能够实现的一种心理状态，是一个人的自我意识的重要组成部分，自信心是力量和源泉，是胜利的保证。它犹如混凝土建筑中的钢筋，是人们自身行事的脊梁。良好的自信心是成功的一半。怎样培养偏科生的自信心呢? 教师的外因作用不可忽然视。与其他学生相比，偏科生更需要教师的关心、鼓励。前面的故事中，班主任在发现林宇自信心动摇时，多次主动找他进行谈话，鼓励他继续努力，坚信自己可以战胜困难，让他感受到老师对他的关

心肯定,感受到他不是"孤身"在奋战,在他的身边还有一直鼓励和支持、给他指引方向、给他力量的老师们,使他产生"我能学好任何一门学科,我一定能成功"的信念。同时,每当林宇有点滴进步时,班主任总是不失时机地加以表扬和鼓励,不断增强他的自信心。

2. 培养学生的兴趣

兴趣的生成是指学生在学习过程中,对某些学习内容所产生的好奇倾向。古今中外,凡有成绩者无不对自己所从事的事业有着浓厚的兴趣,兴趣推动着他们孜孜不倦地追求而取得成功。爱因斯坦曾说过:"兴趣是最好的老师。"因此,班主任应采用多种方法,借助多种手段,通过多种途径来激发学生学习的兴趣。前面的故事中,班主任通过利用班会课邀请外籍教师到班上与学生交流。在交流过程中,学生表现非常活跃,林宇同学在班主任的鼓励下,也介绍了自己。更重要的是:班主任在这次活动中,发现了林宇同学喜欢英文歌,便以此作为培养林宇学习英语兴趣的切入点。之后,班主任又特地组建班级英文乐队,并任命林宇为队长;同时,还设立班级学习兴趣小组、班级英语角。通过开展活动让林宇在轻松愉悦的氛围中学习英语,感受到学习英语的乐趣,消除他对英语的恐惧感。

3. 促进学生的交流

英国大文豪肖伯纳曾比喻:"倘若你有一个苹果,我也有一个苹果,而我们彼此交换这些苹果,那么,你和我仍然是各有一个苹果。但是,倘若你有一种思想,我也有一种思想,而我们彼此交流这些思想,那么,我们每个人将各有两种思想。"这个比喻告诉我们:在现代社会学习生活中,人与人之间的交流是十分必要,对于中小学生显得更为重要。根据中小学生的心理特点,学生在交流的过程中,一旦自己的观点被别人认同或接受,他们学习的热情会更高涨,兴趣会更浓厚,自信心会更强。上文的教育故事中,班主任邀请了外籍教师与学生进行交流,组建班级英文乐队,并任命林宇为队长,设立班级学习兴趣小组、班级英语角,让学生们相互沟通,促进交流。林宇在与同学们的相互交流中,培养了学习英语的兴趣。此外,班主任还对全班学生的座位作了一些调整,将英语

成绩好的学生和英语成绩不太理想的学生穿插着坐。特别安排了英语科代表与林宇同桌,促进了他与同桌的交流。在同桌的帮助下,林宇找回了学习英语的自信心,使他学习英语的热情不断高涨,他的潜力不断被挖出来,英语成绩也不继续的提高。

4. 加强与家长的沟通

家庭教育是学校教育重要的互补因素,两者配合得越默契,产生的教育合力就越大,效果就越显著。要使家长的教育配合学校教育,保持一致性,关键在于班主任与家长的沟通,形成学校与家庭的德育工作统一战线。只有这样才能密切学校与家庭的联系,最大限度地激发学生的学习兴趣和挖掘他们的学习潜能,以求最佳的教育效果。上文的教育故事中,班主任发现林宇在英语课堂上的不良表现后,及时向他的家长汇报,让家长了解自己小孩在学校的情况,达到共同教育的目的。在第一学期结束后,班主任在家庭报告书上,特别表扬了林宇对英语学习兴趣的增强,赢得了家长的尊敬和赞赏。更为重要的是引起林宇家长对自己孩子教育的高度重视,家长亲自陪同林宇来学校与班主任交流。这一切对林宇消除偏科的烦恼起着极其重要的作用。

5. 注意与科任教师沟通与协调

班主任细心观察学生,及时发现问题后加强同各科任老师的联系,及时沟通,协调好学生与各科任老师的关系。班主任应常常和学生谈心交流,及时发现学生和老师的误会,了解学生对老师的要求和提议,并由此和相关老师进行沟通,把学生的情况和反应的问题汇报给各科任老师,协助各科任老师作出相应的调整和改进,使老师和学生一同进步。

6. 要有耐心和恒心

作为老师,耐心和恒心是教好学生的基本条件。对成绩不好的学生更应该保持耐心和恒心,他们的基础要比成绩好的学生差,接受能力和理解能力一般没能很好地被开发出来,在这种情况下,我们就要有更多的耐心对待他们,孜孜不倦他们提升的机会。

# 学生抄袭作业怎么办？

我们先来看一个案例：

一天上午，我在上英语练习课，刚说完练习要求，我发现坐在最前排的一位男生的练习册中夹有一些《基础训练》答案纸。本来，在每学期初，为防止学生抄袭答案，都要求他们把答案撕下来上交，没想到他竟然自己留了一些。顿时我感到非常生气，三步两步走过去，一下子拿过答案，边撕边说："你真让我失望！"

让我更没有想到的是，他还理直气壮地说："我没抄，我是做完后对照的！""谁能证明你是这样做的？你还有理了？"说着，我把碎纸片扔进了废纸篓，并对其他学生说："如果谁自己抄答案能抄会了，就不必来上学了！"班里静得出奇，学生从未见过我发这么大的火。

我镇定下来，继续上课。他坐在那里，满脸不服气的样子，无心听讲。我有些茫然，难道自己真的错怪他了？不！我的判断没错，他的自制力没那么强！我故意不看他，让他好好反省一下再说吧。

在我的眼里，他虽算不上一个好学生，但较聪明，如果努力的话，成为一个优等生是没问题的，对此我一直是满怀希望。可是，他竟然会做这样的事！我实在是太生气了。

下课后，我没叫他到办公室谈话，我决定对他采取"冷处理"的办法，同时自己也该好好琢磨琢磨：该怎样对待这位聪明、倔强，但学习过于依赖，离不开"拐杖"的学生。

课余时间，我认真学习了《心理教育原理及方法》等心理教育专业书，对学生情况进行了认真分析。

他的认知风格为"冲动型"，特点是反应快，但往往出现许多错误，在解答问题时没有审查全部问题就匆匆解答。学习风格为"依存型"，在学习活动中比较依赖外界的刺激或暗示。他为保证答案的准确性，赢

得老师和同学的赞许,采取了这种抄袭答案的做法。我想应该注意培养学生的独立性、批判性和主动探索精神,激发学生的学习兴趣,鼓励学生多进行独立思考。

首先,我与家长取得联系,力争家长的配合。我多次与家长交谈,请他们从教育方式上做一些改变,选择孩子能接受的方式,消除孩子的抵触情绪,经常过问孩子的学习情况,加强沟通,及时表扬点点滴滴的进步,对其不足提一些建议,使孩子逐渐改变不良习惯。

其次,注意激发学生学习兴趣。只要是写单词、词组这样的作业允许他不做,但必须背过,并针对他争强好胜的特点,给他布置有趣的写作作业,让他第二天在班上为同学们朗读自己的作文或讲述读过的英语故事。经过一段时间,他意识到如果不认真做作业,就无法把自己最有实力的一面展示给同学和老师。所以,作业做得越来越认真。

第三,鼓励学生多进行独立思考。课堂上,经常让他回答一些有难度的题,促使其独立思考。答对则给予"GOOD"之类的评语,答错时也总是耐心听他讲明原因,消除其害怕答错的心理。在做书面练习时碰到一些有难度的题,总是鼓励他分析题目,试着想出一种答案,然后再问老师。

渐渐地,他习惯了独立思考,学习英语的兴趣越来越高。英语课上,他的出色表现常常赢得同学们的掌声。他在获得成功体验的同时,自信心和上进心逐渐增强,学习成绩稳步上升,期中考试英语成绩由原来的班级18跃居第3名。

一天,我回到办公室,刚坐下,他就来到我面前。"什么事?"我问道。"老师,我错了。那次,我不该顶撞您。其实,我平时常偷懒,的确抄袭过……""能主动承认自己的错误,说明你还会进步!"我笑着说,"凭你的能力,再加上良好的学习习惯和科学的学习方法,将来肯定是一个出色的学生。老师帮你扔掉的不是答案,而是你学习中的'拐杖'。不过我那天也有错。""老师,我知道你为我好,我会努力的。"

这个案例启发我们,要杜绝学生作弊的行为,最好能根据孩子的具

体心理来引导，而不要把作弊简单归结为不诚实，道德败坏。动机是产生行为的根源，要根治问题行为就得从改变动机开始。首先要摸清问题行为的源头，找准问题行为的实质所在，要区别偶发性和一贯性，要通过引导、激励、调整、改变的办法调整行为动机。

还要注意的是，教育过程中，师生之间发生冲突是常有的事。冲突发生后，关键是如何化解冲突。本案例的可贵之处在于师生之间发生冲突后，教师能及时反思自己的行为，认真分析、研究。教师善于结合学生的一些个性特点来设计辅导方案，对学生施以系列的帮助，使学生得以健康发展。本案例使我们认识到，平等、民主、和谐的师生关系，是教学取得理想效果的基础。老师要尊重学生，对学生的问题要进行认真分析研究，用科学的方法加以引导、解决，重视学生的心理发展，要用发展的眼光看待学生。这样，才能取得事半功倍的效果。

# 孩子厌学怎么办？

我们先来看两个教育案例：

子莌，男，15岁，在某中学读初中。他性格内向，喜欢独处。小学期间学习比较认真，成绩中等，升入中学以后，由于脱离了"保姆式"的教育方式，学习渐渐失去了自觉性，没有学习动机，精神松懈，对学习毫无兴趣，成绩逐渐下降，成为学习困难生。由于性格内向，子莌在校很少与同学交往，比较孤立。课上不能集中精神，经常走神儿，家庭作业也不能按时完成，学习成绩在班里倒数。上课时，他从不积极主动地参与教学活动，从不举手回答问题，给老师一种破罐子摔到底的感觉。从精神状态上看，他整日昏昏沉沉，毫无目标，在茫然和消沉中度日，失去了青少年应有的朝气和活力，不愿意参加集体活动。

飞飞，男，某普通学校的小学生，对学习毫无兴趣，学习成绩极差。上学常忘记带当天的课本或带错。几乎没有按时完成过作业。平时在家少言寡语,喜欢独坐。在校性格孤僻,与同学关系紧张。三年级时,一次实验课,飞飞在班里第一个完成,于是情不自禁地叫出声来,被老师批评违反纪律,他十分尴尬难堪。从此,他更加厌恶上课。任课老师的批评均反映在他上课常发出怪声,与老师无理取闹,布置的任务不完成,作业不做也不交。为逃避上课,他常常躲在厕所里。经测试,飞飞的智商101,属于正常水平;《临订症状自评量表(SCL—90)》测试结果,敌对因子和焦虑因子得分超出正常值,其余各因子得分均属于正常范围,不足以证明其患有心理疾病。

案例一中的子莞,由于性格孤僻,情绪低沉,在青春期的成长过程中造成了发展性的心理问题。原因主要有如下几点:①没有明确的学习动机。对学习采取了应付差事的态度,甚至为学所困,有厌学的情绪,不知道学习是为什么,就好像是漂泊在海上的一只孤帆失去了前进的方向,永远也达不到成功的彼岸,看不到希望的曙光。在学习中遇到困难与障碍时也缺乏足够的信心和勇气克服。②没有学习兴趣。觉得学习是一件极其枯燥无味的事情,以逃避的方式去应付学习,根本就没有投入,导致学习成绩的下降。③孤僻的性格和消极的情绪使子莞缺乏学习进取心。由于他长时间不愿意和同学、老师、家长交流,自我封闭,孤立而又唯我独尊,所以深处集体中却找不到自己的位置,似乎把自己当成了一个局外人,没有竞争意识,缺乏学习的自觉性和积极性。④家长对孩子的漠视也是影响学习的一个重要因素。子莞的父母工作繁忙,对孩子关心较少,失去了与孩子交流的机会,也很少过问孩子学习和生活,久而久之,父母和孩子之间形成了隔阂。他们只是看到学习成绩下降便恨铁不成钢,却从不考虑如何将铁炼成钢。由于他们把大部分时间都放在了工作上,也失去了与老师的联系,无形中就使孩子在精神状态上形成了一种松解、懒散、无所谓的态度和习惯。

放弃学习,是指由于教学内容太难或太易,使学生感到索然无味,无法接受;或是由于教师的教学方法单调乏味,没有变化,语言平淡,甚至无意义的重复,使学生失去了听课的兴趣;课业负担过重,使学生产生逆

反心理,挫伤了学习的积极性;家长和老师对学生的期望值过高,"屡战屡败"后产生无力感。它主要表现在,学生上课注意涣散,不愿上学读书、做作业等问题行为上。此类行为,更多的发生在一些成绩偏差、意志比较薄弱的学生身上。案例二中的飞飞就是这样的孩子。好奇心和表现欲是每个人都非常看重的东西。没有这两样东西,任何人都会厌恶自己的生活,学习上也一样。如果失去了好奇心也就是对事物没有兴趣,谁也没有办法把事情做好。飞飞原本就是一个比较内向的孩子,对学习没什么兴趣,再加上老师偶然一次不当的批评,严重打击了他的表现欲,致使他由恐惧老师泛化到厌恶上老师的课,对老师产生了严重的敌对情绪,对学习彻底失去了耐心。这些使他在学校里丝毫感受不到快乐,最终发展为厌学,甚至逃学。

　　近些年来,孩子厌学情绪比较普遍。这是一个很奇怪的现象。按说,从人的本性来说,求知好学本是天性。人们总是希望能得到更多知识。可是,事实上越学习,学生越厌倦,这种现象,不得不引起我们老师的注意。那么,我们该如何对厌学的孩子进行心理辅导呢?

　　(1)强化学生的优点

　　要想帮助厌学的学生改变现状,老师必须做到心中有数。为了更好地掌握他们每天的表现情况,老师可以专门为他们准备一个记录本,让班级干部负责每天为他们写一条优点,记录本定期返回给老师。这样老师对他们的内心和日常表现能够深入了解,包括上课发言的每一句话都清楚记录。一直坚持并采用随时记录随时表扬的方式,对厌学同学给予鼓舞和激励。他们受到表扬也会更加严格要求自己,表现出的优点就会越来越多,学习积极性、听课、完成作业等方面都会有所好转。老师再根据学生记录本上的真实情况,在适当的机会找他们谈心,让他们感受到在老师眼里,他是一个具有很多优点的学生,让他重新认识自己,重新树立自信。随着谈心次数的增多,师生感情加深了,老师再以"建议"的方式告诉他们"如果这样做会更好"。渐渐的,他们就能主动克服自己的不足,这时,老师再及时对他们的表现给予肯定和表扬等正向强化,鼓励他们继续努力、持之以恒。

（2）维护学生的自信

面对问题，用积极的情绪维护厌学学生的自信非常必要。发怒只能拉大和学生之间的距离，只有耐心面对、积极解决，教师才能在学生中树立威信，发挥教育作用。维护学生的自信，切记一点——少向家长告状。虽然个别学生会一时表现不好，但他们并不想家长知道，让父母失望或生气。老师如有能力解决就不要一味地告状。尽管老师与家长沟通、联系，互相告知在家、在校的表现是必要的，但有时适当的隐瞒也是必要的。不过，学生表现好的地方让家长知道，这样做的目的就是要维护厌学学生本已脆弱的自尊，给他们喘息、改正的机会，而且，要尽量少批评。学生表现不好的地方，争取用摆事实、讲道理的方式，以理服人。有的时候，也许做到这一点很困难，但是只有这样做才会奏效。

（3）指导学生学会学习

其实，有些学生厌学，不是他们讨厌学习，而是因为不会学习，产生无力感，才生成的消极情绪。那么，指导学生学会学习就是解决这个问题的一个有效途径。首先要让学生端正学习态度，明确学习目的，把学习活动真正当成一种内在需要，彻底打消为老师、为父母学习的念头。其次要介绍给他们正确的学习方法。"工欲善其事，必先利其器。"方法得当，必定事半功倍，如：学习要注意"三先三后"——先预习后上课，先复习后做好系统复习；先独立思考后请教别人；要有计划、分科目地做好系统复习；合理利用时间和大脑，不搞疲劳战术，以质取胜；努力提高学习效率等等。最后就是要培养学生养成良好的学习习惯，如：按计划学习的习惯；专时专用、讲求效益的习惯；独立钻研、务求甚解的习惯；查阅工具书和资料的习惯；善于请教的习惯。当学习成为一种习惯，学生就不会再把学习当成负担。

（4）教会学生反思自我

厌学，对学生来说，他们才是真正的受害者，因为责任不全是他们的，简单责备学生是没有道理的。我们应该用一颗爱心去帮助他们"改邪归正"。苏霍姆林斯基曾说过："同情人，对人由衷的关怀，这是教育的血和肉，教师不能是一个冷漠无情的人。"必须真诚地关心每一个受

伤害的学生,那样将会给他们受挫的心灵以莫大的勇气。但是"解铃还须系铃人",只有学生自己想解决问题,问题才有可能得以解决。让学生定心理日记,记录自己的心理成长轨迹,反思自己的所作所为,可以起到治本的作用。经过不懈的坚持和努力,他们最终可以品尝战胜自我的快乐,体验超越自我的愉悦。

# 学生逃学怎么办?

逃学是指学生在上学期间擅自离开学校到社会上闲混的行为。

"逃学"与"旷课"的含义大体相同,细微的差别可能是:逃学的时间较长,逃学者往往是整天或者数天不去上学;而旷课的时间较短,旷课者往往是有选择地不上某些课程,不一定整天都不在学校学习。不过,在许多情况下,人们不做这样的区别,而是根据各自的习惯,把两者作为近义词甚至是同义词使用,在这里,我们也把这两者作为同义词使用。

从我国目前的状况来看,学生的逃学行为有以下特点:

(1)在校学生不去上课,逃避学校生活;

(2)逃学者用假象欺骗父母,父母认为他们去上学了,但实际上他们并没有去上学,父母不知道其逃学行为;

(3)逃学一般没有正当理由,主要动机是厌学;

(4)逃学生一般在外闲逛游荡,与坏孩子鬼混或者进行其他活动,如在游戏机房玩耍;

(5)逃学者一般按照上学、放学的时候离开家和回到家,少数逃学者可能有夜不归宿的"逃夜"行为;

(6)逃学行为往往具有反复性的持续性,逃学者往往在一段时间内连续逃学。

据调查,逃学的高峰年龄为14～16岁,这个时期的学生从身体发育上来看,正处在青春期,正经历着一个"充满危机"的阶段;而从上学情况来看,正处于初中阶段,因此,初中学生是最有可能出现逃学行为的学生群体。

逃学者造成的危害主要是影响初中生的自身成长。正在成长发育阶段的初中生是其社会化的最佳阶段,个体成长所需要的知识、技能、道德品质、个性品质都在这一时期奠定基础,但是如果在这个时期经常逃学,不仅不能学习到文化知识,还有可能形成散漫、自由的习惯,最后导致不能适应社会生活。而如果在逃学阶段结识了校外的不良青年,后果更不堪设想,严重者会造成许多社会问题。而且,初中生处于一个相当不稳定的阶段,逃学的风气很容易传染,如果不能及时制止,就会影响其他同学的情绪,干扰了班级的纪律甚至还会影响学校的校风。因此,预防和矫治学生的逃学行为是一件十分重要的事情。

学生逃学的原因可能有很多,但主要归结起来有以下的几个方面:

首先是学生自身的因素。初中生正处于生理发育阶段,生理上的巨大变化了引起了心理上的变化,使他们躁动不安,心理上要求独立,可是他们的经济水平、社会地位却不允许他们反驳、独立。因此,初中这个阶段是成长过程中比较动荡的阶段。在这个阶段里,影响学生逃学的一个很重要的心理品质就是意志品质。在研究表明,在学生初一的上学期,学生的自制能力、抗干扰能力都比较理想,意志品质也比较稳定,一般都体现出较强的意志坚持性,逃学现象一般不会在此阶段出现。到了第二学期,他们隐蔽的逆反思想开始苏醒,坚持性开始动摇,抗干扰能力逐渐降低,意志品质随之呈下降的趋势,因此,逃学现象多在这一学期出现,尤其是第二学期的后期,如果控制不好,到了初二会更为严重,到了初二的后期,意志不清的趋势又会开始上扬,到了初三阶段又会趋于稳定。

由此可见,初中生出现逃学行为也和其意志品质的发展有关。另外,和小学相比,初中生的行动范围扩大了,而且,他们的行为能力也增强了,但是相应地,他们的意志品质不够稳定。因此,心理发展不成熟是导致他们出现逃学现象的生理原因。

其次,初中生逃学还有各种各样的原因:

(1)因为学习成绩差,借逃学以躲避学业的压力,逃避老师的批评和父母的责怪。不少学生逃学是因为他们学习成绩差,产生了厌学情

绪。这些学生在课堂上根本听不懂老师讲什么,他们就会开小差,说小话,扰乱课堂纪律,这样很自然就会受到老师的批评。对他们来说,上学是一件苦差事,还不如到社会上闲逛来得自在。初二学生刘洋就是这样一种情况,刘洋的每一门课成绩都很差,尤其是上英语课,英语对刘洋来说更是天书一样。因为听不懂,也没有兴趣,刘洋就在课堂上捣乱,为此刘洋被老师批评了很多次,后来次数多了刘洋觉得老师很烦就开始不去上课,打了上课铃以后,刘洋就躲在学校的角落里看漫画,后来逐渐发展成为整天都不去上课。这就是很明显的因为成绩差而导致的逃学行为。

(2)被同学欺负,不敢上学也不敢告诉师长,只好借逃学来逃避。有不少胆小怕事的学生被别人欺负,或者被勒索,因为没有钱满足那些欺负他、勒索他的人,怕挨打,就不敢上学。这种情况在初中生当中是很常见的,尤其是在一些普通中学。这些学生因为年少不经事,自己被别人欺负的时候,往往会害怕这些恶势力的打击报复而不敢告诉老师和家长,最后没办法了,就只好用逃学这种消极的办法来躲避那些恶势力的追踪。

(3)迫于父母的巨大压力,觉得无力应付而逃学。很多父母都有"望子成龙"的思想,对孩子的期望都很高,孩子每天除了要应付本身学校的功课外,很多家长还给自己的孩子"开小灶",于是孩子还要做很多课外作业。这些还不算,周六周日,孩子的日程表都是满满的,周六下午要补习,上午要去上钢琴课;周日上午要上奥数班,下午还要练钢琴。孩子实在不堪重负,最后就只好用逃学来解决问题。强强就是这样一个可怜的初中生,爸爸妈妈总是对他说:"我们的希望就在你身上了。"对他期望很高,因此强强每天都被功课压得喘不过气来。尽管如此,强强并没有像父母期望的那样,是一个很优秀的学生,相反,强强的成绩只能勉勉强强算中等。强强觉得很对不起父母,但是无论如何努力,他的成绩就是上不去,最后,强强彻底自暴自弃了,不去上课。一开始还是偶尔逃一两节,后来发展得越来越严重了就整日不去上学。老师发现后和父母沟通,找到了根源才及时制止了事态的发展。所以,父母的期望如果过了"度",有时只会适得其反。

（4）受到外界社会不良风气的影响，沉迷电子游戏而逃学。社会风气的好坏，不仅影响了整个国家的兴衰，而且也会影响青少年的成长。尤其是初中生正处于一个变化非常巨大的阶段，很容易受到外界的影响。如今信息社会，初中生有手机的现象已是屡见不鲜，家中的电脑更是比家长玩得还熟。在这个五光十色的信息社会里，学生很多东西都可以从网上获得，除此以外，电影、电视、电台都会充斥着一些不良的东西，而初中生的分辨能力较差，很容易受到外界的诱惑而误入歧途。

其中令很多家长都头痛的就是电子游戏，不少初中生逃学的原因就是为了能打电子游戏，能不断地过关，然后取胜。他们沉迷于电子游戏，上课反而变成了一个业余的任务，想起来要上学了才去。

那么，对于这些逃学的学生，该如何进行适当的心理辅导呢？

请看下面这个案例：

维明是某中学初一的学生，爸爸妈妈是做服装生意的，每天起早贪黑地赚钱，没有时间管维明，因此，他从小在家里觉得很孤独，没人陪他玩。爸妈只会关心他缺不缺钱，成绩好不好，没钱了，爸妈会给他足够用的，成绩不好则会换来一顿结结实实地打，结果维明的成绩反而每况愈下，后来爸妈也放弃了，不再过问他的成绩，只管他够不够钱花。

维明勉强地升上了初一，面对一下子加了那么多课，维明更是懵了，本来基础就不好的他，学得更吃力了。虽然骨子里他很想学好，但是爸妈不管，老师也经常斥责他，使他越来越没有信心，为了躲避老师锐利的目光，他开始逃学，每次逃课、逃学他都是躲在校园一个僻静的角落里一个人看小说，只有那时候，维明才觉得内心安静一些。维明的逃学没有持续多久就被老师发现了，当老师把他从角落里找到的时候，维明睡着了。

在老师的办公室里，维明坦率地说明了他逃学的原因：他听不懂老师上课在说什么，而且老师总爱提问，提问回答不出来，他就会挨批，他觉得很难受，所以他宁愿不去上课，一个人呆着。

维明的逃学行为是很典型的因为厌学而出现的逃学现象。大部分

出现逃学行为的学生都是因为厌学,因此,要纠正维明的逃学行为,要从其厌学态度来解决。

从维明的情况我们可以知道,维明在逃学期间并没有去外面流浪或者从事一些不法活动,他只是躲在校园里不想去上课。因此,针对维明的情况,我们提出以下几点辅导措施:

(1)老师要改变对后进生的看法,对待他们不能存有偏见,对于像维明这样的学生,更应多加关心和鼓励,通过老师的态度来改变他的厌学情绪。

(2)班主任发动班集体的力量,一起来帮助他,可以组织一些互帮互学的小组,在学习上帮助维明,让他体会到集体的关心和温暖,从而打消逃学的念头。

(3)与维明的父母联系,并与他们交流教育孩子的看法,改变他们的一些不良教育认知,并希望他们能多给予维明爱心和关心,而不仅仅从物质上满足维明;尽量抽时间多与维明在一起,相互交流和沟通,为维明创造一个良好的家庭氛围;有条件的话帮维明请补习老师,帮他把基础补上去,因为维明本身想学习,但因为是没有学习动力才导致学习成绩差的,如果他能从学习中找到激励点,那么他就会有学习的动力了。

(4)针对维明的逃学行为与其分析逃学可能产生的不良后果,让其明白,不能因为学习差就用逃学的方式来逃避,人要学会承担责任和改变现状,而不能一味逃避。改变他的一些不良认知,帮助其树立正确的学习观和人生观,使其能更好地面对生活。

这个案例启示我们,针对学生的逃学行为,应采取如下心理辅导策略:

(一)预防性策略

1. 班级管理策略

(1)向学生说明这个阶段他们可能的变动性,直接阐明问题。在班级管理的过程中,向学生说明他们这个阶段的年龄特点,并向他们展示意志变化特征曲线,直接阐明问题,并通过设计一些课程,培养学生的自

控制能力,锻炼学生的意志品质。

(2)写下"逃学档案"以便观察每个学生的变化。在向学生阐明问题以后,可以给学生做一个"逃学档案",让学生自己记录曾经逃学的经历或者曾经有过的逃学动机。上面可以详细记录学生逃学的时间、去向、原因、后果以及曾采取的补救措施;而对于只有逃学动机的就可以记录他们逃学的原因。老师把握了这个"逃学档案",就可以及时了解学生的思想及行动变化,以便及时地针对学生的情况对症下药。不过这个"逃学档案"要视学生的实际情况而定,如果班上同学逃学的情况并不严重的,这个档案可以省去;或者只是针对那些曾经或多次出现逃学的同学进行个别建档。

(3)激发学习动机和学习兴趣,变"苦学"为"乐学"。大部分学生逃学是因为缺乏动力和学习兴趣,他们有的是因为基础差而逐渐放弃,有的是迫于父母的压力而被动学习的,他们把学习看成是苦差事,因此,关键要帮助这些逃学的学生建立正确的学习观,激发他们的学习动机和学习兴趣。针对学生的情况,老师可以适当地对这些差生进行辅导,或者可以建议他们的家长为他们聘请辅导老师。如果学生实在特别差,可以针对他的实际情况,让他学有所专,也就是培养他对某一方面学科的兴趣,从而带动对其他学科的兴趣,例如,他喜欢玩电子游戏,就可以引导他往计算机硬盘件、动画设计、软件开发等方面进行探索,通过对其中一个方面的内容进行学习来促进对其他内容的学习。

(4)定期检查学生的思想动向,及时了解学生的变化。学生在初中阶段是一个变化最快,最为动荡的阶段,因此,老师要通过一些诸如周记、日记或者班级日志等书面材料来了解学生的情况,另外还可以通过向学生干部或者任课老师来了解学生的情况。只有了解了学生情况,才能更好地把握学生的变化动向。

2. 在教师指导下的家庭辅导策略

(1)指导家长要注意自己教育方式和教育态度。实践证明,在专制型和放任型的家庭里是最容易对孩子的个性造成不良影响的。在专制型的家庭里,家长是绝对权威,子女要绝对服从,这样孩子很容易形成被

动、胆怯或反抗等不良性格特征;在放任型的家庭里父母由于各种原因而无暇或无力顾及孩子,许多事情要靠子女自己面对和处理,在这样的家庭中长大的孩子,一般来说独立性和适应性较强,但由于缺乏家长的关心、帮助与监控,也容易出现意志涣散、人际交往过于随便、自由散漫、难以抵御不良影响等问题。因此,教师要指导家长在教育孩子的过程中,注意方式方法,同时也要注意"度"的问题,要知道过分施压和放任自流都会使孩子产生厌学情绪,从而出现逃学行为。

(2)指导家长要关注孩子的动向,及时了解孩子的情况。家长除了要照顾孩子的衣食住行之外,还要关注孩子的思想变动情况,只有了解自己的孩子,才能及时制止孩子的不良行为。

(3)指导家长孩子出现问题要解决,不能任其发展。一旦发现孩子有逃学问题,就要马上了解其逃学的原因、动机等,协助老师解决问题,而且要在孩子第一次出现问题的时候就解决,不能听之任之,任其发展,否则,一旦孩子逃学成习惯或者在逃学时结识不良社会青年,那控制和辅导的难度就会更大,并且辅导的效果也很难预料。

(4)当家庭出现危机事件的时候,要指导家长做好孩子的善后工作。俗话说,"天有不测风云,人有旦夕祸福",当家庭出现危机事件,如亲人去世、夫妻离异、家庭纠纷等情况的时候,要及时处理孩子的问题,让孩子避开矛盾或事故发生的现场,并及时对孩子进行辅导和关心,而不能置孩子的感受于不顾,置孩子的情绪而不理,只顾自己、不负责任。

(二)及时处理策略

(1)了解情况,了解逃学背后的动因。在学生出现逃学行为后,首先要了解他逃学的原因,并且要了解他什么时候逃学,逃学这段时间又去了什么地方,和什么人在一起,做了些什么等具体情况,以期能对症下药。

(2)与家长联系,两方面配合。要与家长联系,取得家长的协助和配合,了解学生在家中的情况。如果学生是因为家庭问题或者家长的教育方式而逃学的话,更要与家长探讨,希望家长能改善家庭环境或者改变教育方式和态度,帮助学生纠正逃学行为。

(3)应用"理性——情绪疗法",让学生了解逃学对自己可能产生的坏处和不利的结果,检讨自己的生活,建立良好的生活规范。通过"理性——情绪疗法",纠正逃学学生脑中不正确的观念,或者灌输正确的观念,并通过分析让学生懂得自己的逃学行为所产生的不良后果,从而树立正确观念。

(4)辅导其阅读相关的励志书籍,帮助其树立正确的学习观和人生观。利用阅读法,引导其阅读相关励志感兴趣的书籍,激发其学习兴趣,培养其学习习惯,让其形成正确的学习观和人生观。

## 学生上课时注意力分散怎么办?

我们先看一个案例:

美术课上,任老师带着一盆精美的绿色盆景走进一年二班的教室。"同学们,盆景在日常生活能美化我们的环境,在繁忙的工作中,欣赏一下优雅的盆景,能放松我们的情绪……"任老师一边托着盆景,一边引导学生观察盆景,"仔细观察,你们看到了什么?"这时,同学们纷纷举手发表自己的见解。可是任老师发现张展和周舟这一对同桌,这会儿似乎有些心不在焉。只见他们的书本摊在桌上,两人的手却放在课桌下面,眼睛不时地往下看。任老师意识到这两个学生的桌下一定有什么东西在吸引着他们。

任老师不动声色地端着盆景走近张展和周舟,继续请同学们谈论自己是如何欣赏这盆盆景的。当老师走近张展和周舟面前时,只见他们立刻警觉起来,把东西往课桌里一放,抬头欣赏盆景。可任老师看得一清二楚,那是几张小包装食品中促销的"变形金刚"卡片。任老师心里琢磨开了:"难怪上课时思想不集中,原来是'变形金刚'在作怪。"任老师布置接下来的学习任务,让学生通过观察,自己动手画盆景。学生们纷纷拿出绘画笔等工具开始画起来。

　　任老师走到张展和周舟身边，弯下腰，轻声说："最近，电视里在放《变形金刚》的卡通片，你们一定很喜欢吧?"老师停了一会儿，用眼神注视着张展和周舟。只见张展和周舟互相吐了吐舌头，任老师又说："把你们的变形金钢给老师看一下好吗?"两个小家伙，慢吞吞从书桌里拿出了一叠变形金钢的卡片。

　　任老师看了其中的几张，说："画得真漂亮! 你们想不想自己也画出那么美的卡通画?"张展和周舟点点头。"可是，想要画出好看的图画，就要学好绘画的基本功! 今天我们画盆景，如果你们想画卡通画，下一次我们可以专门画卡通画。你们先把这些卡片借给老师好吗?"做小动作不仅没挨老师批评，而且可能还有机会学画心爱的卡通画，太棒了! 两个小家伙高兴地把变形金刚的卡片放到了老师手上，提起笔专注地画起来。任老师发现这节课他们画得格外认真和投入。

　　"小动作"指的是学生在课堂上，在没有离开座位的前提下，做一些与学习无关的动作。一般表现为手中摆弄一些小物品，如学习用品、小玩具，小饰物等，或是在老师不注意的时候做小游戏。爱做小动作与学生的心理发展特点和年龄特征有着必然的联系。人在认识事物时，整个心理活动都伴随着注意。注意是指人的心理活动的指向和集中，每时每刻都有很多事物作用于我们。例如，在课堂上，来自外部的客体有:教师的讲话声，黑板上的板书，讲台上的教具，教室外面别人走路和说话的声音……来自内部的有:对昨晚看过电视的回忆，想念某个亲人或朋友，有时也体验到机体的内部状态(如饥饿，口渴，肚子不舒服……)。所有这些内外刺激物，同时对学生产生这样那样的影响。当然，个体会对这些刺激做出有选择的反应。此外，在选择性地指向一定的客体之后，还必须对客体"聚精会神"或"专心致志"地观看或倾听。当人们注意某一事物时，对所注意的事物就会清楚地看到或听到，而对其他不注意的事物就会模糊地看到或听到。甚至"视而不见，听而不闻"。正常情况下，个体都会选择对自己有用的信息加以注意，但是学生，尤其是小学低年级的学生，他们的注意品质有其年龄特点。对他们而言，不随意注意仍占优势。再加上这个年龄段的孩子,精力充沛,爱玩好动,45分钟的课堂让他们保持完全的投入是不现实的,偶尔做些小动作是可以理解的。另外,做小动作还与学生注意的稳定性、做事的坚持性、自制力等方面有关系。注意的稳定性与注意的对象、人的主体状态有关。如果注意的对象是单调的、静止的,那么因为缺乏变化就会使学生的注意难以稳定;如果注意的对象是复杂的,生动变化着的,富有意义的,学生的注意就容易稳定。尤其是年龄较小的低年级学生,他们的注意稳定性随着外界事物的吸引程度而变化的特点更加明显。

几乎每堂课都会有注意力不集中的学生,而且至少有一个。这类学生长时间集中注意力有困难:他们注意力容易被转移,理解教师的指令有困难,对要做什么感觉很混乱。即使当他知道要做什么的时候,那些注意力不集中的学生仍然无法平静下来做事。即使是想把试卷带回家,或者带一枝铅笔这种看起来很简单的任务都是有问题的。一个注意力不集中的孩子可能会给教师带来严重的管理问题,如果不能成功控制的话,就会占用相当多的教育时间。那么,如何对其进行心理辅导呢?

(1)寻找学生注意力问题的根源。没有注意力缺失症的孩子也有可能很难集中注意力。让他们集中精力有困难,可能会因为他们是焦虑的、心烦意乱的,感觉很不舒服的,或者仅仅是无聊。注意力困难也可能是来源于听觉或视觉上的问题。了解学生注意力问题的原因,能够为你在教室里帮他提供一些指导。

(2)及时鼓励学生的每一个进步。这是行为矫正最基本的运用,也就是在学生表现出一个适当的行为时,表扬他。那些注意力不集中的孩子,经常在学校体验挫败和失败,特别需要一个赞扬或鼓励的表示。对于这类学生,你面临的挑战是在他完成任务的时候发觉他,然后立刻真诚地赞美他。你可以通过放置一个明显的提醒自己应该尽可能及时鼓励学生的每一个进步,例如放一个笑脸在你经常能够看到的地方,也许可以在闹钟或者计划薄的附近。

(3)把对学生来说分心的东西减到最少。试着让他坐在一个你能很容易监控的地方,而且那里没有什么分心的东西。他坐的位置靠近你的桌子看起来很合理,但如果其他学生经常来到你桌子旁寻求帮助,那么这就不是一个合适的地方了。为了同样的理由,避免让他坐在铅笔刀、窗子、走廊等任何有可能转移他目光的东西附近。最好的位置是让他坐在一个安静的、努力学习的学生旁边,当然要在桌之间留有足够的空间,以避免分心。同样,通过保持桌面的整洁,消除视觉干扰。

(4)用厨房定时器来激励学生完成课堂作业。在课堂上,这是"倒计时"的课堂版,让学生知道他完成作业需要多长时间,在定时器停止之前 5 分钟或者 10 分钟,让他知道已经过去了多少时间。但是,一定要确保学生不会"赶"作业,以致犯下粗心马虎的毛病。

(5)限制你分发资料上的信息量。学生的注意力会被纸上过多的信息分散。如果可能,限制每页纸上的信息总量,或者向学生展示,如何折叠或者覆盖一页纸,这样他能每次集中在一个问题或难题上。你也可以给孩子一个一次只能看到两行字或者一道数学题的纸板窗。在测验的时候,如果试卷超过一页纸,可以考虑一次只给学生一页。

(6)选择学生感兴趣、能力范围以内的事情来设计作业。那些在集中精力完成学校作业方面有困难的学生,更愿意从事那些反映他们的兴趣,发挥他们长处的学习任务。找出学生们的长处和兴趣(你可以让他填写一份感兴趣的事情的详细目录),然后利用这些资料来设计能够挖掘那些兴趣,熟练技能的学习任务。

如果有学生在为精神不集中的问题而进行药物治疗,你要监控他的行为。由于药物治疗的效果在学校可能比在家里更明显,因此你的观察结果对于帮助孩子的父母和医生评定药物治疗是否有成效是至关重要的。有关药物治疗的一则警告:你可以相信你学生中会有获益于药物治疗的,但无论如何要记住,以你的角色,你不能向学生推荐药物治疗,这是一个严肃的医学问题。你可以鼓励父母和孩子的医生讨论那些他们关心的问题。

# 学生"不会听课"怎么办？

我们先看下面两个案例：

李毅已经是小学二年级的学生了，可还"不会听课"。每堂课都要被老师提醒几回："李毅，注意，把头抬起来看黑板。"而这时李毅不是正在橡皮上画小人，就是在用格尺、铅笔、橡皮筋做"大炮"，玩得正起劲呢。所以他的学习成绩不佳。

王颖也是被老师称为"不会听课"的孩子，整天一丝不苟地听课，"不错眼珠"地看着老师，可一到考试却常常"出岔儿"。

看起来这两个孩子的学习问题的原因都出在"注意力"上。果真如此吗？

让我们先来看看心理学上是怎么定义"注意力"的：注意是心理活动对一定对象的指向和集中，注意力就是人注意的能力。

受主客观因素的影响，注意的指向与集中具有选择性。

这么抽象与干涩的语言，我们让它"通俗"一些：注意是人的一种心理现象，只要人活着注意便相伴左右。特别是对正常人来说，注意是"非此即彼"（不注意这里，就是因为在同时注意那里），而对是"此"还是"彼"的选择要受主客观因素的影响。

现在再来分析前面两位学生，李毅显然不是注意力差，而是把对老师课堂教学的注意力分散到了画小人和搞小动作上；而王颖却恰恰个相反。她是以表面的集中注意掩盖了实际的分神和溜号。

为什么这么说呢？

对小学低年级学生来说，来自教学活动过程的刺激能否引起我们的注意并最终被他们所接受，在很大程度上取决于那些刺激是否能满足孩子们的好奇心和兴趣。那么，哪些因素能影响孩子们的好奇心和兴

趣呢?

客观上:如相对强烈的刺激活动,变化的事物,新异、特殊的事物,对比鲜明的事物等。

主观上:如认知水平,以往经验,情绪状态,个性特点等。

众所周知,任何新知识的学习,都需要注意力的高度集中,否则学习效果就不会好。小学低年级学生贪玩、好动、情绪变化快,加之年龄的关系,这个世界能引起他们好奇、感兴趣的事实在太多。再加上某些课程内容乏味,或老师讲得枯燥,让他们上课"不走神儿"就更困难了。

有关研究资料表明:人注意的保持时间是因年龄的不同而有差异的。"保持"以外的时间就是"走神儿"和"溜号"了。这是儿童大脑的一种保护性抑制,它在提醒自己的主人:"我累了,该休息一会儿了。"由此看来,王颖作为一个小学二年级的孩子,在一堂课45分钟都能保持高度注意状态不是"假象"是什么?实际上。在她双眼盯着老师的同时,脑子里呈现的可能是与老师讲课内容毫不相关的"窗外的花蝴蝶…"口袋里的橡皮筋"……

那么,怎么进行心理辅导才能让孩子们在学习时保持最佳的、有效的注意状态呢?

(1)要利用学生的无意注意。

什么是无意注意?就是没有目的也不用意志努力的注意,即最轻松的注意。例如,一个国家篮球队的运动员来到了一群小学生中间——太醒目了,太抢眼了,没有哪个学生会不注意到他。

一个地理老师这堂课要讲"比例尺"。可一上课他却先问:"哪个同学的爸爸妈妈或叔叔阿姨要出差?"七八个孩子举手。这个问题轻轻松松,与上课有什么关系?新异的悬念引起了孩子们的无意注意。老师叫起一个举手的同学:"你帮老师在地图上查一查,从我们这个城市到你爸爸出差的城市距离有多远?"孩子为难地说:"查不出来。"老师微笑着说:"没关系,只要你们听了我下面讲的,保证你能查出来,因为地图上有'比例尺'。"老师板书课题"比例尺"。

(2)要唤起学生的有意注意。

与无意注意不同,有意注意是有目的、需要意志努力的注意。学习是一个智力活动与非智力活动共同参与的复杂过程,仅仅依靠无意注意就想学习成功,那是"天方夜谭"。当然有意注意要靠明确的目的性来支持。目的明确,注意力才能专一,一切无关的干扰才不易进入被关注的情境。

安培,法国物理学家,为了研究,注意专注达到了近乎"痴迷"的程度。一次,他脑子里想着一道物理题去外边散步,想到一个新解法就从口袋中掏出一枝粉笔,把路边马车的黑车篷当成黑板演算起来。突然,"黑板"向前移动了,他追着"黑板"继续演算,路人的大笑才使他突然明白,原来那不是黑板。正是这种执着与专注,才使他在物理学上做出了突出贡献。因此,我们也要让孩子们懂得,在生活中、学习中为什么要努力,应该怎么样努力。

(3)要允许学生"溜号儿"、"走神儿"。

从生理学的角度考察学生在课堂内45分钟的不同时间,其注意的保持程度有明显的起伏变化。这一方面与其大脑皮层的兴奋性变化相关;也与学生们的年龄特征有关。一般情况下,刚上课时,大脑的兴奋性较高,在课堂中段达到高峰,然后逐渐下降,到下课前为最低。因此,教师在设计教学结构时,可运用"巴特莱法则",把一堂课中最重要的内容安排在课堂中段占总时间的20%的10分钟内,来完成学习总任务的80%。同时,既然长时间将注意保持在一个事物与低年级学生的身心特点不相符,那么就应该允许孩子们上课"走神儿",要允许孩子有间隔性休息,并且根据每个学生"走神儿"的开始时间不同,老师要将一堂课中的重要部分做必要重复。不要以为学生只要双眼紧盯着黑板和老师就是在集中注意。其实,孩子们是否在用这种"表面文章"逃避来自老师的惩罚也未可知。

把学生们从"走神儿""溜号中"再吸引回课堂的好办法就是,老师要尽一切努力使自己的教学生动、有趣,使教学过程有节奏、有起伏。

现在的学生无沦生活、游戏、活动等等,很多方面都与过去的孩子不同了。他们的小脑瓜里装满了"智商、高速公路、Internet网、温室效应、星球大战"等新观念。老师们如果沿袭过时观念,陈旧的知识,用刻板的方式去教育学生,学生们能愿意听吗?

(4)教学生们学会集中注意。

保持良好的坐姿。上课时尽量让学生们坐正,不要趴在桌上听课,也不要斜着身子坐。这些不良坐姿,一是不利于小学生身体发育,二是易使学生产生疲劳感。

课间十分钟要充分休息,适当活动。活动过量,学生们不易把注意力从活动中转到课堂上。

排除与课程内容无关的干扰,特别是要把那些易引起注意力分散的东西从桌子上拿掉。因此,学生们购买学习用具时,我们应鼓励他们以实用为原则,不要过分追求"花哨"和"特别"。

学会克制注意力分散的不良习惯。可让学生当注意力分散时,在心里默念"我必须认真听讲……"

练习闹中取静。

# 学生"高考压力"过大怎么办?

由于众所周知的原因,"高考压力"过大的学生并不在少数,那么,如何对他们进行心理辅导,使之轻松愉快地面对高考和高考前的那段时间,就成了许多教师深感头疼的问题。我们不妨先看一位心理辅导老师是如何做的:

一天,心理辅导室来了一位妇女,神情沮丧,显得一筹莫展。她焦虑地说:"老师,你得帮帮我儿子,他已经有一个星期不来学校读书了,在这就要高考的节骨眼上,真是急死我了。"

"别急,你知道他为什么不来学校读书吗?""不知道,问他原因,他不肯说,就一句话,读书有什么用?我劝过他也骂过他,用尽了一切办法,可他就是不听。他的班主任李老师也来家里叫过他几回,他班里同学也来叫过他几次，他就是不肯去。我们尽了一切办法．都没有用，只好求你了。"

"好的，我下午去你家一趟。"

她走后。我马上向李老师了解该生的情况。

从李老师那里得知，该生身体比较弱，性格孤僻，敏感多疑，但是头脑聪明，尤其是作文写得很棒，很有才气。他的家境比较困难。他不来学校的原因是与同学闹了矛盾。那天几个同学在操场上运动后回到教室，要开电风扇，他们没有听他的要求，他一气之下就把自己的课桌搬到教室最后面去了。由于距离讲台比较远，他看不清黑板上的字，于是就不来上课了。李老师也曾多次劝他回校，他都不肯。他的理由是与同学关系已经闹僵了，在那个集体中实在是活受罪，呆不下去，一进教室就浑身不舒服，因此还不如停止学业，另谋出路。

初步了解当事人的一般情况和事件的大体起因后，我初步认为该生是因人际交往方面的问题而导致辍学的。于是，我赴该生家里进行面谈。迎接我的是他的母亲。我从他母亲那里进一步了解了他家的情况：父亲长年在外经商，生意老是亏本，靠母亲在家维持生活，家里经济很困难，学费也是从亲戚处借的。鉴于此，母亲对他的学习要求较高，要求他至少考上二本学校，因为三本学校收费较高，读不起。他从学校回家后，白天呆在房间里看课外书，或蒙头大睡，晚上上网，连吃饭也不下楼。我告诉他母亲，对他不能提太高的要求，千万别再给他施加压力。

我决定找他面谈，于是径直上了三楼。打开门，出现在眼前的是个又高又瘦的小伙子，精神面貌极差，脸色苍白，显得十分憔悴。对我的到来，他显得很冷漠。我就自己拿了张凳子，在离他不远的地方坐下来。

他低着头，一言不发。

"我们能否聊聊?"我轻轻地问。

"没什么好说的，我知道你又是来叫我回学校读书的，我已经下定决心，不再去学校读书了，谁来说教都没用的。"他显出无所谓的样子。

"哦，你怎么知道我是叫你去学校读书的呢?"

他低着头，沉默不语。

"这几天在家里休息得还好吗？你每天都干什么呢？"我试探性地问。

他稍微侧了侧身子，暗淡的目光懒懒地向我一扫，算是回答，也算是对我的打量。我看到他桌子上堆着好些书，顺手拿了一本。"喜欢看课外书吗？都看些什么书呢？"

他眼睛往书桌上瞟了，示意就看这些书，我也顺手翻了翻，发现这些书五花八门，种类很多，有政治的、历史的、哲学的、文学的，如《存在主义哲学》、《尼采》、《圣经》、《当代诗人诗集》等。呵！阅读面还挺广。

"听说你作文写得很不错，与看这些作品有关吗？"

他欠欠身子，开始对谈话表现出一点兴趣，情绪也渐渐稳定下来。

我举出许多作品，询问他读了没有，并说出我对作品的一些看法和作品中的一些人生哲理。他终于来了兴趣，开始发表对文学作品与哲学作品的看法。我们说到了萨特、叔本华、尼采、琼瑶、三毛，还说到了当代诗人顾城、海子及《圣经》中的一些内容。

他的话越来越多了。到最后，几乎都是他在说。我在一边静静地听，一边观察他的变化。他的头抬起来了，眼中也少了些灰暗，多了些光彩，可以看出他是个很有思想的学生。

我认为可以试着进行话题转移了。

师：从刚才的谈话中，可以看出你很有自己的看法和思想，这表明你对文学、哲学的感悟、欣赏能力都不错。不过有学者认为，喜欢文学的人往往比一般人更敏感，你觉得自己比较敏感吗？

生：是的。可能是吧。

师：敏感的人又常常比别人多一些烦恼，你遇到过烦恼吗？

生：我的烦恼太多了……

师：哦？你能否具体说说？

他终于打开闸门，把自己的烦恼倾诉了出来。

他小学时成绩很好，数学竞赛还得过县里一等奖。初中时成绩也不错，数学竞赛获得过县里二等奖。初中时他的作文开始脱颖而出，常受老师表扬。他原以为自己中考可以考上重点高中，没想到由于身体原因

而发挥不佳,才考上了一所普通高中。他觉的自己很倒霉,但是又不甘心,并且一直在自责和后悔。

高一时他成绩还行,高二时他对理科不感兴趣,成绩开始下滑,自我感觉最多也只能考个三本院校,家中又没钱,父母要求他考二本学校,他感到前途无望,所以不想读书了。他还谈到,他在班中没有一个知心朋友,有些同学看不起他,他也看不上别人,烦恼也没处倾诉。

……

通过较为深入的访谈及了解,我先前认为的他是由于人际交往问题而导致辍学的观点被推翻了。他是个聪明、学习尚可的学生,个性比较敏感、自卑、退避、内向,虚荣心又比较强。中考失利对他打击很大,现实的挫折打破了原来的心理平衡,过低的抗挫能力使他无法面对现实,不能及时调整自我、改变心态,投入到新的学习中。升学的压力,特别是来自父母的过高要求,使他害怕高考,感觉自己前途无望,再加上同学交往中的不愉快,诸多原因,使他想逃离这个令他害怕的地方,于是选择了辍学。诸多原因中,细加分析,主要原因是升学压力太重,与同学的关系是次要原因。

我制定了如下咨询方案:一方面与他一同分析他考取理想大学的可能性,并给予他学习方法上的指导,以减轻他的考试压力;另一方面,引导他学会从别人的立场来看问题,帮助他改善人际交际状况。具体做法是:根据实际情况确定以"支持性心理干预"为主的综合心理辅导对策,运用辅导者的权威、关怀认知疗法,引导他走出心理危机。步骤为:引导他宣泄不良情绪;利用认知疗法帮助他建立正确的认知,正确地评价自己和他人;与他商讨学习方法和学习计划,让他树立信心,以积极的心态对待学习。

根据以上策略,我与他进行了几次交谈。

师:听说你是因为与同学闹了点矛盾才不去学校上学的,你能否具体说说是怎么回事吗?

生:原来我是坐在讲台前的位置的,一天,天气不怎么热,但六位同学满头大汗地来到教室,把电风扇开得很大。由于我有鼻炎,一扇电风

扇就会犯病,所以我就把它关了。可他们不理我的感受,我关了,他们开起来;我又关,他们又开,这样反复了三四次,由于他们人多,我斗不过他们,所以只好把自己的位置搬到远离电风扇的最后一排去了。由于高度近视,坐在最后一排就看不清黑板上的字,所以感觉坐在教室里如坐针毡,还是回家好。

生:我当时非常难受,非常委屈,感觉在这个班里没人理解我,没人关心我。我又不敢向他们说清楚我的情况,因为我不会打球、踢球,一切体育活动我都不会。我要是向他们说明我还有严重的鼻炎,他们会笑话我的,说我弱不禁风,像女孩子,况且当时有那么多女同学在教室里……

我认真地倾听着,从他的叙述中我发现他有严重的自卑心理如"不会运动又生病会被别人看不起;他也不明白交友的原则,"以自我为中心,如"别人必须理解我"。必须让他澄清这些看法,我与他进行了如下的交谈:

师:你刚才说,你体质差又不爱运动,又患有严重的鼻炎,让同学知道了,会看不起你,你凭什么这样说?

生:因为高二下学期以来我的成绩越来越差,已经让自己抬不起头来了。如果身体也不好,他们肯定会看不起我。

师:你们班还有身体不好的同学吗?

生:我也不大清楚,好像有一个同学身体也不太好,经常请假。听老师说,他肠胃不好。还有个女同学偶尔也请病假,据说身体也不好。

师:那你有没有瞧不起他们?

生:那倒没有。

师:其他同学有看不起他们吗?

生:好像也看不出来。

师:那你为什么断定他们会瞧不起你呢?

生:因为我成绩越来越不好,身体又不好。而他们,比如那个女同学成绩较好,那个男同学篮球打得很好。

师:你的意思是说,你成绩不好,身体也不好,又不会体育运动,同学会瞧不起你。那你说,你从他们哪些行为、神态或事件当中可以看出

他们瞧不起你。

生：我以前在班上有很多知心朋友，自从高二下学期末考试考砸后，我就感觉与他们有了距离。比如陈某某同学，我原来与他同桌，我比他成绩好，但高二下学期那次我考砸了，他知道我成绩比他差，就对我说："看来，你得改变一下学习方法，多出去活动活动。"其实他说这句话是在取笑我。

师：哦？为什么你觉得他说这句话是在取笑你？

生：因为我在学习上所花的时间远远比他多，我学习这么勤奋，而他经常在操场上打篮球，却比我考得好，我想他肯定是在笑我笨。而这是我最忍受不了的。

师：那你后来有没有跟他好好谈过？你有没有问过他说这句话的意思？

生：没有，后来我就自动要求搬到另外一组去坐了，不与他同桌了。

师：我们现在来分析一下他那句话，"你得改变一下学习方法，多出去活动活动"。我觉得，这里没有耻笑的意思。其实他是向你提出中肯的建议。如果他说"你啊，学习比我勤奋，考得却比我差"或"看你那么勤奋，却才考这么丁点分数，看来你得去检查大脑"，这样的话才是取笑，你说是不是？

生：也许是吧。

师：除了这个同学外，还有其他同学吗？

生：还有几个我以前初中时就一起的同学，有几个就是开电风扇与我闹矛盾的。高一时，他们还与我较要好，到了高二我们就渐渐疏远了。

师：是什么原因造成的？

生：因为我们没有共同语言。

师：能否具体说说？

生：他们几个不是喜欢打篮球，就是喜欢踢足球，与他们谈论有关学习的话题或对一些事情的看法，他们根本不感兴趣。

师：你怎么知道他们不感兴趣，你与他们交流过吗？

生：没有。

师：那怎么知道他们不感兴趣？

生：因为他们成绩很差，我觉得他们有点四肢发达、头脑简单，所以，我也不屑与他们交流。

师：其实是你认为不值得与他们交流才不交流的，而不是他们不主动对吗？

生：可以这样说吧。

师：从我们刚才的谈话中，我发现，你所说的同学看不起你，都是你自己的看法。那个成绩考得比你好的同学，其实是给你忠告，不是嘲笑你，只是你自己有些自卑罢了。那些成绩比你差的同学，不是他们不愿与你交流，而是你不屑与他们交流，这又是你自傲的表现。其实你没有明确交友的原则。

生：哦？老师，那交友的原则是什么？（他的眼睛一亮）

接着，我与他一起探讨了交友的一些原则：朋友交往要做到不卑不亢、主动交流、开诚布公、真诚互助、共同提高。我还告诉他一些交友的方法，比如，对同学善意的忠告要进行分析，不要老想着人家是嘲笑自己；有疑问，应主动交流，本着真诚的原则，共同探讨适合自己的学习方法，取长补短；多运动，可能真的能提高学习效率，至少能改善身体状况，这样，既加强了与同学的友谊，又提高了成绩；对成绩较差的同学，也不能高高在上，要尽量看到对方的长处，主动与他们交流，也许就会互感兴趣；与那些成绩差、喜欢运动的同学多交流、多一起活动，可以培养乐观、豪爽的性格，用自己的学习精神影响他们，用他们的运动性格影响自己，取长补短，共同提高。

他了解了交友的原则后，较感兴趣，决定明天就回学校。他相信只要自己真诚地与同学交流，他们会理解的。

他回到学校后，我们又面谈了几次，他的精神状态好多了，谈话气氛也越来越融洽。他告诉我重新回到学校后的感觉："我原来还以为自己走进教室时会感到难为情，没想到我刚一跨进教室的门，全班同学就响起了热烈的掌声。我感到很高兴，一下子打消了不自然的心理。我跟班主任说想把位置调前面些，班主任已把我的位置调到最前面靠讲台的位

置了。我主动找那几个曾和我闹矛盾的同学交流，他们挺爽快地接纳了我，还带我打篮球。我觉得我以前太在意自己的感受了，总想要别人与我'志同道合'，所以我感到很孤独，现在我学会体谅人了。"

对他的变化，我感到很高兴。接着，我与他探讨了有关学习的情况，他最近一次的月考是 415 分，这样的分数，上二本院校是比较困难的。他自己也认为上二本院校没那么容易，他说如果没考上二本院的话就不读。除了家庭经济困难之外，还有中考失利导致他心理不平衡，他总是念念不忘小学、初中时的辉煌，那些成绩比他差的同学都考上了重点高中，而他却只能上普通高中，现在他们成绩都好，上重点大学都有希望，而他呢？他觉得很不甘心。"这说明我比他们笨，而我最不能接受的，就是自己比别人笨。"他说。

我从他的话中听出了他的观念：一个人原来成绩比别人好，现在也应该比别人好，否则，就接受不了。这是一种非理性的认知，需要帮助他澄清。我采用理性情绪辅导理论与他进行了交谈，帮助他转变观念。

师：一个人以前比别人好，现在也必须比别人好，否则，就是愚笨，这是你的观点，是吗？

生：是的，而且这个看法很强烈。

师：你不想继续念书，表面上是成绩不好，实际上主要原因是你的这种观念左右了你，你说对吗？

生：（沉默）老师，你说得好像有点道理，我这样认为有什么不对吗？

师：现在别忙下结论，我们来讨论一下你的这个观点吧。你能举出你们班里从高一到现在始终保持第一的同学吗？

生：……（想了好久，举不出一个例子）

师：你敢说每次考试前十名的同学始终是那十个同学，从来没有改变过吗？

生：不是的，每次都有所变化的。

师：你举不出每次都考第一名的同学，又知道前十名的同学也经常变化，这说明任何人在不同时间、不同状况下都会发生变化的。这与你"一个人以前比别人好，现在也必须比别人好"的观点不是矛盾吗？

生:看来有矛盾。

师:问题出在什么地方?

生:"一个人以前比别人好,现在也必须比别人好"的观点太主观了,事实上是不可能的。

师:你成绩退步一方面就是受这种错误观念的影响,使你压力过大,是不是这样?

生:是的,我为此非常烦恼,这次不来学校,也是其中的一个原因,而且是主要的原因。

师:现在想通了?

生:这个问题是想通了。可是我目前的成绩这么差,根本考不上好大学。我还是觉得前途无望,即使来学校了,学习也没劲。

师:考不上二本院校,考个三本院校也可以嘛!

生:如果只考上三本院校,我是不会去读的。

师:为什么?

生:你知道的,我家里没那么多钱。

师:你妈妈跟你说的吗? 家里没钱,就不让你读吗?

生:她倒没说,是我自己感觉到的。

师:既然你妈妈没说,这说明她供你读大学的钱还是有的。再说,做父母的总希望子女成绩好点,考得分数高点,可能只不过是对你的一些期望罢了。

生:那倒是。

师:其实从你目前的分数来看,考二本院校还是有希望的。何况还有半年多的时间呢! 难道你就没想过,经过半年多的努力,说不定能考上二本院校,甚至重点大学吗?

生:想是想过,可怎么努力呢?

师:看来,我们得好好分析一下你目前的成绩,然后安排一个学习计划。

经过分析探讨,该生数学、英语及物理较差,据此,我与他共同探讨制订了如下的学习计划:

分析统计自己的学习资源，主要是时间资源，其次是信息资源，看看自己能够支配的时间有多少，分布在一天、一周的什么时候，能请教解决学习上的什么问题。

把困扰自己的学习问题（或需要补课的科目）做一个量化统计（按问题个数、知识点个数或页码数进行计量）。

把自己能够支配的时间分段，每阶段留出少量机动时间（如每周留出半天机动）后确定有效时间，然后把需要解决的学习问题按时段分配到有效的时间中去，并具体分配到每一天中相应的时段中去。

努力在每天的有效时段中完成分配的任务，若提前完成，可把后边的任务提前，也可安排一些自我奖赏性的活动，如看看电视、出去活动活动等。

每天把所学内容的要点归纳出来，记在一个小本子上。晚上睡觉之前洗漱完毕后，用10多分钟把小本子上的内容过一遍，然后自我暗示："我今天的任务完成得很好，我将睡得特别香。在香香的睡梦中，我能将所学内容记得牢牢的……"

我还告诉他制订计划的好处：计划中每天的小部分，都是大目标的有机组成部分。因此，当他完成当天的任务以后，就知道明天的任务有完成的希望了；当一个月的任务完成以后，就知道下一个月的任务有完成的希望了。由于每天生活在具体的目标中，人的注意力会特别集中，而且一旦任务完成，玩一下也会觉得踏实、放心、尽兴。加上"睡前放电影"，复习一下功课，学习效率会特别高。

我还跟他说，有人监督能起到更好的效果，并暗示他可以请母亲督促自己。

他愉快地答应了，很满意、很高兴地离开了辅导室。

之后，我了解到，他的学习有了较大进步，学习的积极性也提高了不少。

这个案例比较长，但它对我们如何对"高考压力大"的过大的学生进行心理辅导，极具有借鉴意义。

辅导前,多方面、多角度了解当事人的情况,比如其家庭情况、性格特点、事件发生的背景和经过等,是达到预期辅导效果的前提。辅导中,深入了解、正确分析当事人的心理情况,是辅导获得成功的关键。在本案例中,辅导老师先后向其班主任、母亲了解情况,再通过与其本人深入交谈,才比较全面地了解了当事人不来上学的诸多原因,而不仅仅是开始设想的人际关系的原因。在第一个话题中,要坚持"在信任关系未建立起来时,不触及敏感话题"的原则,所以当对方不愿接受辅导时要尽量绕开敏感话题,寻找共同话题,尽量让谈话轻松一些。当良好的咨访关系建立起来,气氛也比较轻松融洽时,辅导老师抓住时机,转入话题。

解决第二个有关人际交往的问题,关键在于引导来访者充分宣泄内心的痛苦,然后采用理性情绪疗法,克服来访者的自卑和自我中心心理。同样,在解决"学习困扰"这个问题时,也用理性情绪疗法纠正他错误的认知,让他自主建立理性的认知和心理平衡,并与之探讨制订适合他的切实可靠的学习计划。这种方法既符合行为主义的强化原理,也符合睡前复习的记忆策略,还能提高自我效能感和自信心,能起到较好的效果。

另外要说的一点是,让来访者明白有人督促的好处以后,让他自己请人督促,比在他不情愿的情况下督促强加给他效果要好得多。